Sébastien Berger

Magnétisme Humaniste : De l'énergie à la réalisation

Tome 1

Les Éditions des Chemins Célestes

Tous droits d'adaptation, de reproduction et de traduction réservés pour tous pays.

© Les Éditions des Chemins Célestes 2017

ISBN 13 : 978-2-9559511-0-1
ISBN 10 : 2-9559511-0-2

*À Christian,
À l'Étoile,
Au Créateur-Créatrice.*

Un arbre, un peu de calme, une brise infinie, je sais que tu es là Mère des mondes. Guide-moi jusqu'à toi, dans l'océan de ta conscience, ne me laisse pas dans le bas, dans le laid de l'oubli. Mais éblouis mon monde vide de toi, fais-moi sentir que je suis toi.

CHARTE DES MAGNÉTISEURS HUMANISTES

Art. 1 :
Transmettre dans l'amour et le respect du pouvoir qui nous est confié.

Art. 2 :
Ne jamais interrompre un traitement médical ni faire de prescriptions.

Art. 3 :
Assurer la confidentialité totale des consultations.

Art. 4 :
Ne jamais promettre miracle ou guérison.

Art. 5 :
Pratiquer des tarifs équilibrés, savoir donner, savoir recevoir, savoir échanger.

Art. 6 :
Toujours chercher à améliorer sa pratique.
Rester ouvert aux autres thérapeutes et aux diverses techniques thérapeutiques.

Art. 7 :
Offrir au consultant d'être sa propre source de guérison.

Art. 8 :
Ne pas pratiquer son art sur les mineurs et les handicapés mentaux en
dehors de la présence et sans l'accord de leurs parents ou de leur tuteur légal.

Art. 9 :
Accueillir ses patients dans un lieu harmonisé énergétiquement et adapté aux séances.

Art. 10 :
Si cela est demandé, aider les patients en phase terminale et, si nécessaire,
après leur mort physique.

Art. 11 :
Rester humble et respectueux des autres. Ne pas utiliser ses capacités pour obtenir
autre chose que le bien-être de l'être humain et de la Terre.

Art. 12 :
Savoir se mettre au service de l'idéal le plus haut pour soi et pour le monde.

Nos croyances et nos sens définissent le monde qui nous entoure. Pourtant en codifiant la réalité, ils l'ont limitée et souvent formatée au péril du sens. En spécialisant les sciences et les êtres, en cloisonnant les religions, la vie et la mort, la matière et l'énergie, nous en sommes arrivés à une perception divisée et erronée. L'homme est séparé sous l'œil de l'intellect. Il est pourtant possible de revenir à une vision holistique du monde, où tout a un sens, où tout participe de tout. À une approche non séparée, où l'être humain retrouve son pouvoir personnel, son unicité, sa nature hautement énergétique. Il est possible de structurer cette approche, dans une science de l'être humain qui englobe la notion de corps-âme-esprit. Une vision qui ne voit plus un état, mais un Être et qui s'appuie sur la science des sages et les réalités subtiles de l'être.

Une action qui rendra les possibles de la vie à notre part la plus consciente : le Soi.

Sébastien Berger

CHAPITRE 1
LA PRATIQUE DU MAGNÉTISME HUMANISTE

INTRODUCTION

Quand nous parlons de magnétisme, nous faisons référence aux énergies subtiles émises par tout ce qui nous entoure. Ces énergies subtiles ne se situent généralement pas sur le plan de la matière, ce qui explique pourquoi elles restent fréquemment en dehors du champ d'investigation de la science classique.

Ces énergies peuvent s'expanser ou se condenser. Dans leur grand axe, nous les appelons aussi des énergies cosmiques et des énergies telluriques. Un objet peut émettre simultanément des énergies expansantes et des énergies condensantes, ou bien seulement les unes ou les autres. Le principe est le même chez l'être humain, car, d'après nos observations, il est fait d'énergies subtiles qui le constituent tout autant que sa réalité matérielle.

Cette partie énergétique est merveilleuse et extrêmement complexe, à l'image du corps physique. Le magnétiseur, ou la magnétiseuse, agit pour que cette partie énergétique humaine fonctionne de manière harmonieuse. Le Magnétisme Humaniste, tel que nous le pratiquons, ajoute à l'énergie l'approche de la conscience.

Notre art a connu de nombreuses variantes liées à l'histoire de l'humanité. Nos ancêtres avaient le même réflexe que nous lorsqu'ils posaient leur main sur une zone de leur corps qui était en souffrance. Nous posons souvent la main là où notre corps nous envoie un message douloureux. Pourquoi ? Pour lui envoyer de l'énergie, donc du magnétisme, dans une intention d'apaisement.

Les anciens Égyptiens ont développé cet art. En France, c'est grâce au Docteur Franz-Anton Mesmer (1734-1815), à sa pratique et à ses recherches sur le « magnétisme animal », que le magnétisme sortit des campagnes et du monde des guérisseurs. Le Baron du Potet (1796-1881), Hector Durville (1849-1923), puis Henri Durville (1887-1963) firent leurs propres recherches et publièrent plusieurs ouvrages à ce sujet. Aux États-Unis, c'est la physicienne et guérisseuse Barbara Ann Brennan qui a amené le magnétisme à un niveau jamais atteint jusqu'alors. Grâce à ses relations, elle a réussi à réunir science, conscience et énergie. En cela, je tiens à lui rendre hommage.

Notre approche qui se fait sous le nom de « Magnétisme Humaniste » se veut une nouveauté tout en s'inscrivant dans une continuité par rapport aux approches précédentes. « Magnétisme », car nous nous servons des énergies et « Humaniste », car ces énergies sont au service de l'être humain sous ses multiples facettes et réalités, c'est-à-dire le corps, la psyché, l'âme, l'énergie, la conscience et l'environnement dans lequel cet ensemble évolue. Dans la continuité, nous agissons pour que chaque consultant puisse reprendre du pouvoir sur sa vie en devenant sa propre source d'amour, de paix, de joie, de liberté et de conscience.

La suite de cet ouvrage présente les raisons de cette approche thérapeutique et la manière dont l'énergie et la conscience se structurent dans l'expérience humaine.

L'ANATOMIE ÉNERGÉTIQUE ET PSYCHIQUE DE L'ÊTRE HUMAIN

Les différents niveaux de conscience

Voici la définition de ce que nous mettons derrière certains mots pour résumer différents niveaux de conscience et de réalité de l'être humain.

Le corps

C'est le support de notre incarnation, notre véhicule. Il reflète en partie, dans la forme, notre état de conscience (morphopsychologie). Il est lié au premier corps énergétique (éthérique).

Le Moi ou l'ego

C'est la personnalité qui se construit de notre gestation à notre mort. Elle est le fruit de multiples facteurs comme notre éducation, notre environnement psychique, notre date de naissance, notre pays de naissance, notre héritage transgénérationnel, l'état de notre corps physique... Elle est liée aux quatre premiers corps énergétiques.

L'âme

C'est la somme de la conscience de nos différents ego. À chaque fois que nous décédons, la conscience de notre vie rejoint celle de nos vies précédentes. Toutes ces consciences se réunissent en une conscience globale qui est celle de l'âme et qui est liée aux 4e, 5e, 6e, 7e et 8e corps énergétiques.

Le Soi

C'est notre individualité Divine, la graine qui contient tout notre potentiel de réalisation. Il est situé sur le 8e, le 9e et le 10e corps énergétique. Il n'est pas pris dans le temps et dans l'espace et il n'est pas sexué.

Dans le cas des âmes jeunes, les corps qui contiennent le Soi sont flous et laiteux, ils se structurent au fur et à mesure des expériences de l'ego (Moi) et de l'âme. Son niveau de conscience passe aussi par des états successifs : fœtus, bébé, enfant, adulte, puis l'évolution se poursuit dans la maîtrise de l'état de réalisation.

Les chakras, vortex d'entrée et de sortie des énergies subtiles chez l'être humain

Plus ou moins connus du grand public, ils ont été décrits de différentes façons, je vous propose ici une présentation issue de nos observations pratiques et de nos recherches. Les chakras sont des doubles vortex qui permettent l'alimentation des corps et des organes énergétiques. Ils inspirent et expirent l'énergie.

Nous observons neuf chakras principaux par corps énergétique (dix chez certains types d'âmes qui ne proviennent pas du système solaire), ce qui fait un total de 81 chakras principaux. Chacun d'eux est un moyen d'interaction entre la conscience de l'individu et l'environnement physique ou subtil. Ils correspondent à des niveaux de conscience.

Le lecteur pourra ramener la description suivante à celle des différents corps et faire des recoupements entre les chakras, les corps et les niveaux de conscience de l'individu. Les couleurs ne seront pas évoquées, car elles changent en fonction du corps dans lequel elles sont observées et, ce, d'un sujet à l'autre !

Le 1ᵉʳ chakra

Il se situe entre le sexe et l'anus, au niveau du périnée. Nous reliant à l'énergie terrestre, il est la source de l'énergie vitale. Il est le chakra de l'enracinement et de la base, de la structure, et de l'instinct de survie. On peut y retrouver les problématiques liées aux difficultés d'incarnation.

Le 2ᵉ chakra

Il se situe au-dessus du pubis. C'est le centre des émotions, du sens du toucher, de la sensation épidermique et de la sexualité. Il est souvent lié aux problématiques de peau.

Le 3ᵉ chakra

Il est situé au niveau du plexus solaire. C'est le centre du mental. Il régit les émotions à travers l'analyse. Il est relié au foie, à la rate, à l'estomac, au pancréas, à l'intestin et au système nerveux.

C'est par lui que nous établissons énergétiquement nos relations au niveau mental, des relations généralement socioculturelles. La plupart des individus que vous rencontrez perçoivent le monde et interagissent avec lui depuis leur troisième chakra.

Le 4ᵉ chakra

Il se situe à la hauteur du cœur, au milieu de la poitrine. Il est relié au cœur et aux poumons. Il est lié à notre capacité à aimer, de l'amour contentement du besoin à l'amour sans attachement à la forme. C'est aussi le centre de conscience du pardon, de l'acceptation.

Sa reliance aux poumons nous invite à ressentir notre juste beauté dans l'environnement, notre place dans ce monde ou dans les mondes.

Le 5e chakra

Il est situé au niveau de la gorge, dans la zone du larynx. Il est relié aux oreilles, à la mâchoire, à la thyroïde. C'est le chakra de l'expression et de l'écoute, donc de la communication.

Le 6e chakra

Il se situe entre les sourcils et la racine du nez. Il est le centre de la créativité unique de l'individu. C'est potentiellement là que nous devenons à notre tour des créateurs de mondes comme ce qui nous a créés. Avant cela, il nous sert à manifester notre créativité à travers une mise en forme, par des images/idées/intuitions, que nous pouvons ensuite concrétiser dans la matière. C'est aussi le chakra de la conscience de l'instant, de la vision, de la clairvoyance.

Le 7e chakra

Il se situe au point culminant de la tête. Il est relié au cerveau. C'est le chakra de la voie, du chemin, de la direction. Quand il fonctionne bien, il permet de savoir quel est notre véritable parcours sur Terre et d'être aligné avec nos buts de vie ou nos choix.

Le 8e chakra

Ce chakra permet de sortir de la forme incarnée et de se relier aux plans subtils supérieurs, de sentir que notre existence dépasse le cadre terrestre incarné. Il est aussi situé au sommet de la tête, mais de plus gros diamètre que le 7e chakra.

Le 9ᵉ chakra

Il permet de ressentir notre soi et notre connexion à l'univers. Il est localisé au sommet de la tête avec un diamètre plus important que le 8ᵉ chakra.

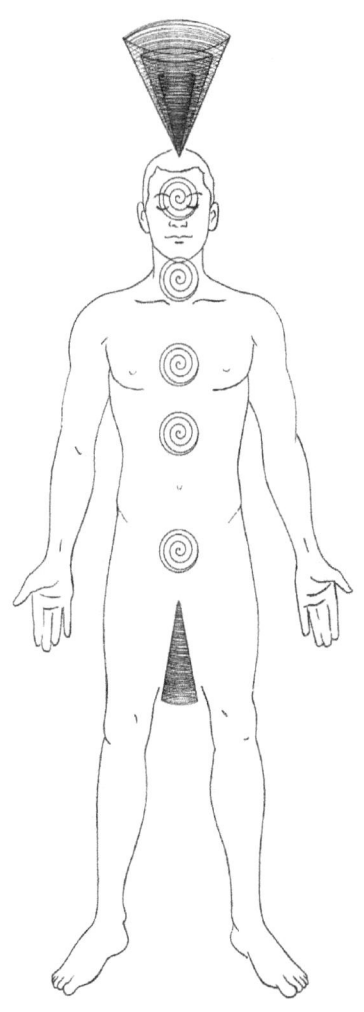

Emplacement des neuf chakras principaux

Exemple de chemin énergétique d'une libération à travers les chakras

1er chakra :   Perception et réflexes instinctuels.
              Contrôle du danger vital.

2e chakra :   Perception de la sensation (opposé du déni).

3e chakra :   Acceptation du mental.

4e chakra :   Acceptation, pardon.
              Transmutation de la souffrance en lumière.

5e chakra :   Expression, relâchement par le souffle.

6e chakra :   Intégration, conscientisation, compréhension.

7e chakra :   Alignement sur le sens.

8e chakra :   Intégration de l'expérience par l'âme.

9e chakra :   Intégration de la qualité développée dans le Soi.

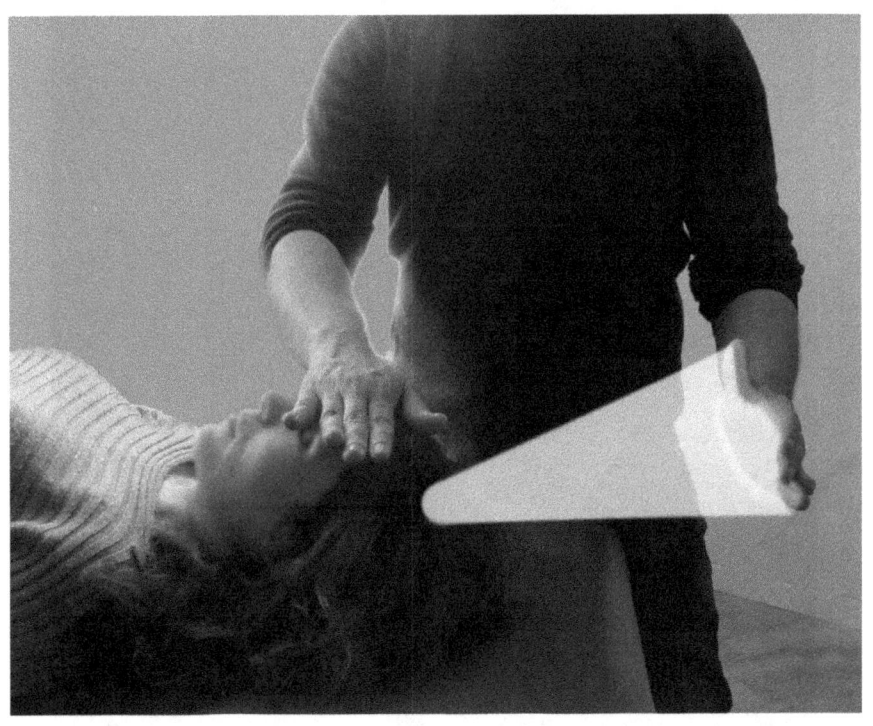

Magnétisation du 6ᵉ et du 7ᵉ chakra

L'anatomie énergétique et psychique de l'être humain

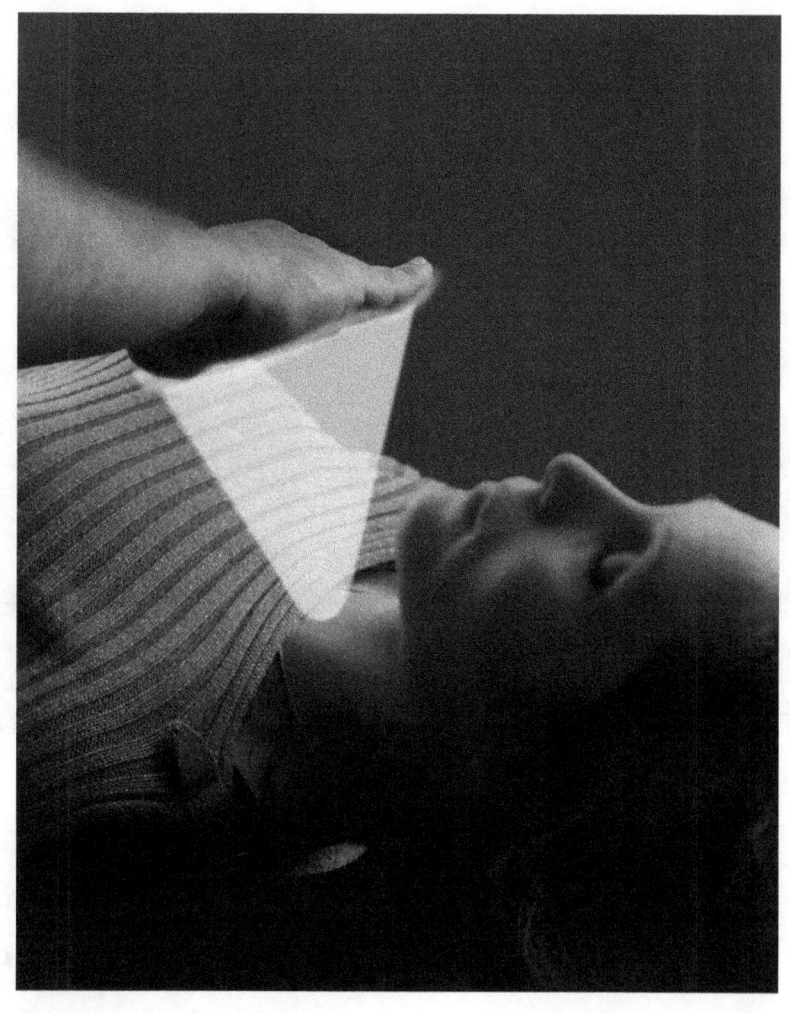

Magnétisation du 5ᵉ chakra

L'aura : description des différents corps énergétiques de l'être humain

L'aura, c'est le champ d'énergie qui est à l'intérieur et l'extérieur de nous. Il émane généralement entre 40 cm et 1 mètre. Il est composé de différentes vibrations qui s'interpénètrent. Ces niveaux sont appelés corps énergétiques, car ils reprennent plus ou moins la forme du corps physique en s'étendent au-delà des frontières de ce dernier. Chaque corps a ses propres fonctions. On peut les observer en développant certaines aptitudes qui seront décrites plus loin. Voici un résumé général des caractéristiques de ces corps énergétiques.

Le corps physique

Il est le support essentiel à toute incarnation. Il a aussi la capacité de s'élever dans les plans vibratoires.

Le 1er corps énergétique

Généralement appelé corps éthérique, il est de couleur bleu sombre à bleu clair. Il est plus proche de l'énergie matière (terrestre) que des énergies subtiles. Il alimente ainsi le corps physique. Sa vibration est liée à la qualité de circulation de l'énergie dans les méridiens et à la respiration. Il est très développé chez les pratiquants avancés en yoga. La qualité de la nourriture joue grandement sur la qualité de ce corps. Des produits frais et crus (bio ou du jardin) augmentent l'énergie éthérique générale. En revanche, une nourriture industrielle, transformée et passée au four micro-ondes ne contient plus que des énergies éthériques mortes, ce qui entraîne une digestion difficile et un affaiblissement général du premier corps.

Le 2ᵉ corps énergétique

Il est appelé corps émotionnel. Il est le reflet de nos émotions, de nos sensations. C'est par lui que nous éprouvons les sentiments. Il est lié au 2ᵉ chakra.

Le 3ᵉ corps énergétique

C'est le corps du mental. Il structure l'énergie qui vient du corps émotionnel. Il la définit afin qu'elle soit acceptable pour la conscience de 3ᵉ plan, c'est-à-dire pour le caractère de l'ego évoluant dans un univers socioculturel de 3ᵉ plan. Il est lié au 3ᵉ chakra.

Le 4ᵉ corps énergétique

Il est parfois appelé corps astral. Il nous relie à l'esprit-groupe de l'espèce. Il nous donne la pensée et la préoccupation présentes du groupe humain qui nous entoure. Ce corps réactive les mémoires traumatiques de vies antérieures quand elles se condensent depuis le 6ᵉ corps. Il est lié au 4ᵉ chakra.

Le 5ᵉ corps énergétique

Basé sur le métal, il contient l'essence de l'être humain, en lui se trouve l'essence des qualités et fonctions humaines. Il définit les zones d'ombre et de lumière du futur humain. Il est la définition du futur champ d'expérience que ce dernier attirera dans sa vie. Comme le 5ᵉ plan (voir plus loin la description des 14 plans), il met en forme les idées futures de l'humanité : il permet ainsi de capter dans le 5ᵉ plan les idées et inventions qui seront utilisées prochainement par les êtres humains. Il est lié au 5ᵉ chakra.

Le 6ᵉ corps énergétique

Il est le regard spirituel de l'être humain. Le regard qu'il porte sur les forces supérieures ou sur lui-même en tant qu'âme ou être spirituel. Il contient la façon dont nous modelons les représentations visuelles et psychiques que nous nous faisons du Divin. Sa détérioration peut être causée par des pratiques sombres dans l'astral supérieur. Il contient aussi les mémoires de traumatismes des vies antérieures. Quand il fonctionne justement, il manifeste une spiritualité divine appliquée. Il est lié au 6ᵉ chakra.

Le 7ᵉ corps énergétique

Ce corps sert les idéaux de l'âme pour son évolution dans les plans supérieurs, et ce de façon incarnée ou désincarnée. Il est de couleur bleutée électrique. On ne peut le définir, car ses contours sont flous, comme le désir spirituel peut souvent l'être. Il est lié au 7ᵉ chakra.

Le 8ᵉ corps énergétique

Il est transparent et n'appartient pas aux parents, il est comme le sang, il véhicule l'esprit, il est la porte de passage entre la forme et la non-forme, l'incarné et le désincarné. On ne peut le définir, car sa fonction est transitoire entre le haut et le bas. Il est la porte ouverte sur le système solaire dans sa conscience globale. Il est lié au 8ᵉ chakra.

Pour les âmes d'origine extrasolaire : il peut s'y trouver des mémoires émotionnelles. Il est la contrepartie du corps émotionnel et mental humain au niveau de l'ego extra-terrestre, entre le Divin et les mondes.

Le 9ᵉ corps énergétique

En ce qui concerne les êtres humains, ce corps est de couleur or : il est en reliance avec l'énergie solaire, il contient l'atome-germe qui mène à l'ouverture sur la transformation en être supérieur (au-delà du 14ᵉ plan). Il est lié au 9ᵉ chakra.

Pour les âmes d'origine extrasolaire : il peut présenter une trame opalescente (verticale et horizontale), le reste étant bleu foncé. Il s'agit du corps de la conscience de l'âme extrasolaire qui anime certains individus incarnés.

Le 10ᵉ corps énergétique

C'est le corps Divin pour certaines âmes extrasolaires. Il est lié au 10ᵉ chakra.

L'évolution des corps dans la vie

Au début, l'alliance de nos parents crée un fœtus, futur support de notre incarnation. La mère crée d'abord le corps éthérique. Le corps émotionnel se fabrique progressivement une fois que l'âme s'est incorporée au fœtus. Il est clair que, pendant les premiers mois de grossesse, il n'y a pas de rapport vibratoire direct avec l'âme, la connexion n'étant pas encore établie et l'âme n'étant pas présente dans le fœtus. Par la suite, en fonction du plan de conscience de la future âme incarnée, une descente ou une reliance s'opère. La connexion de l'âme au fœtus s'établit par des fils vibratoires qui relient la colonne vertébrale du fœtus aux centres énergétiques de l'âme. Ces connexions peuvent se créer de différentes manières, en fonction de la conscience de l'âme et de la mère.

Pour certaines âmes, l'incarnation dans le fœtus se fait vers le 6ᵉ mois de manière non consciente, comme un endormissement. Pour les autres, il y a de nombreuses variantes possibles. J'ai vu des âmes flotter au-dessus du ventre de la mère dans un état de sommeil au cours duquel elles s'acclimataient à leurs futures demeures. J'ai pu également observer une âme qui, deux semaines avant l'accouchement, était encore en pleine conscience. Elle sortait et rentrait à sa guise !

Après la venue au monde, l'ensemble des corps énergétiques n'est pas encore fonctionnel.

Là encore, il faudrait être en mesure de mener de nombreuses observations qui pourraient permettre d'englober l'ampleur du phénomène de structuration.

En voici néanmoins les grandes lignes. À la naissance, seuls le corps éthérique et le corps émotionnel semblent complètement opérationnels. Flottant près du corps physique, le corps mental reçoit rapidement ses premières sensations/informations par l'intermédiaire du corps émotionnel.

Jusqu'à l'âge de quatre ans, l'enfant développe essentiellement son corps mental à travers la structuration de ses émotions. C'est là aussi qu'il commence à développer sa structure de caractère principale : elle l'accompagnera tout au long de sa vie s'il ne résout pas sa blessure primordiale.

En moyenne, le 4ᵉ corps s'intègre à cinq ans et le 5ᵉ corps à six ans. À sept ans, les six premiers corps semblent descendus. Il est à noter que le mois qui précède le septième anniversaire, et les quelques jours qui le suivent, annonce l'intégration du 6ᵉ corps. C'est, dit-on, l'âge de « raison ».

En moyenne, le 7ᵉ corps s'incorpore vers l'âge de neuf ans, mais cette incorporation est fluctuante d'un enfant à l'autre. Le 8ᵉ s'incorpore à dix ans et le 9ᵉ vers l'âge de douze ans. Il est important de savoir qu'après son incorporation, un corps n'est pas nécessairement opératif : il peut rester en veille pendant très longtemps, voire pendant toute une vie. À noter : les corps supérieurs sont plus ou moins développés en fonction du parcours spirituel de l'âme. Dans le cas des âmes jeunes, les corps supérieurs sont flous.

Après la mort physique : nous observons une disparition progressive du corps éthérique encore attaché au corps physique, alors que les informations contenues dans le 2ᵉ et le 3ᵉ corps remontent vers les corps supérieurs. Ces informations correspondent aux mémoires émotionnelles et mentales de la vie qui vient de s'écouler. Ainsi, une fois l'incarnation arrivée à son terme, il reste six corps pour les âmes humaines.

Le champ électromagnétique humain

Il émane entre 10 et 50 cm en dehors du corps physique. Il est également présent à l'intérieur du corps. Il faut se concentrer sur l'énergie la plus juste pour ce champ et la projeter. S'il est décalé, ou faible, dans une zone nous prendrons soin de le recadrer ou de le renforcer. Il est en lien avec le système nerveux et le corps éthérique.

Les organes à travers les corps

Les organes existent dans tous les corps. Cela signifie que nous avons dix cœurs en comptant celui du corps physique ! Leur emplacement est normalement le même que dans le corps physique. Cependant, en fonction des corps et de leur bon fonctionnement, les cœurs peuvent être légèrement plus gros que leur gabarit physique. L'étude d'un organe dans les différents corps permet fréquemment de constater que cet organe est sorti de son emplacement. Il flotte généralement entre 20 et 50 cm en dehors du corps physique et parfois de manière décalée. Dans ce cas, il faudra nettoyer la zone où il devrait se situer, puis sentir les raisons et les buts qui l'ont amené à se décaler. Une fois la prise de conscience effectuée par le patient, le thérapeute pourra repositionner l'organe en veillant à le remettre dans l'angle qui est le sien. Une magnétisation sera nécessaire pour relancer le mouvement de vie et de conscience. À noter que les organes enlevés ou amputés existent encore à partir du 4e corps.

Les taux vibratoires

Les taux vibratoires sont des unités de mesure qui permettent de quantifier la somme d'énergie dégagée par ce qui nous entoure. Ces unités ont été définies en termes d'unités Bovis de manière historique. Personnellement, je préfère m'éloigner quelque peu de cette référence et parler simplement d'unités vibratoires.

Pour bien comprendre les unités vibratoires, il faut les associer au concept des plans vibratoires. L'association des deux permet au praticien de quantifier, en partie, l'action de son travail sur son consultant et également de tester la qualité et la quantité d'énergie d'un lieu, d'une personne, d'un objet…

En Magnétisme Humaniste, nous utilisons une échelle vibratoire de 0 à 3 400 000 unités. Il peut exister des chiffres plus importants, mais ils correspondent à des états de conscience rarissimes et en lien avec le cosmos.

Les plans vibratoires

Les plans vibratoires correspondent à une ou plusieurs qualités de conscience et d'énergie, mais aussi à des régions géographiques de l'astral. Communément appelé l'au-delà, l'astral désigne les espaces subtils qui existent au-delà de la matière : lieux, consciences, énergies et par conséquent les qualités qui y sont liées. À noter que la matière reste néanmoins soumise, mais de façon moindre, à l'énergie subtile.

Pour les plans vibratoires, nous utilisons une échelle de quatorze plans décrits ci-après :

1er plan

Il s'agit du plan physique, de la matière dense. Au niveau subtil ou astral, il s'agit du niveau éthérique. Il peut s'y trouver certains esprits de la nature.

2e plan

Chez l'être humain, c'est le plan des émotions, qu'elles soient jugées ou ressenties comme étant négatives ou positives. C'est aussi le plan de conscience des plantes, en général.

3e plan

Chez l'être humain, c'est le plan de l'intellect, de la réflexion, du mental. La conscience actuelle moyenne de l'être humain est au 3e plan.

4e plan

C'est le plan de l'espace horizontal, de la présence aux champs de conscience qui nous environnent. C'est le plan de ce qui nous tient à cœur, le plan de l'acceptation (amour ?) de l'autre dans son individualité, c'est-à-dire du fait que l'autre existe dans son espace propre. C'est potentiellement le futur plan moyen de l'humanité.

5ᵉ plan

C'est le plan de l'expression, des idées, des concepts originaux pour la société, des futures découvertes technologiques. C'est pour cette raison qu'il peut arriver que des inventions similaires apparaissent simultanément sur toute la planète, car les réflexions communes des chercheurs s'accumulent en égrégores (*amas de schémas de pensées collectives ou de groupe qui s'accumulent entre le 2ᵉ et le 5ᵉ plan*).

6ᵉ plan

C'est le plan des visions spirituelles humaines, de la créativité incarnée du plan de l'âme, des visions et des concepts nouveaux en préparation pour l'humanité. Nous pouvons également y rencontrer des égrégores d'énergies rituéliques liées aux courants occultes des sociétés ou des ordres dits « spirituels » ou « secrets ».

7ᵉ plan

C'est le plan du passage de la matrice incarnée au plan dit « céleste ». Il est la porte qui mène à vivre dans les plans des assemblées lumineuses, mais pas dans la projection que l'on s'en fait.

8ᵉ plan

C'est le premier plan transpersonnel : nous sortons des lois des dimensions incarnées humaines et entrons dans les dimensions régies par ceux qui agissent par et pour le Divin dans ce système solaire. Ils commencent à disposer d'une vision planétaire et solaire de la vie en général. Ils ont connaissance de leur niveau supérieur de conscience.

C'est le plan qui permet la libération et la transmutation des énergies stagnantes présentes du 2ᵉ au 7ᵉ plan.

9ᵉ plan

C'est celui de l'humanité terrestre avancée. Les êtres humains non incarnés s'y retrouvent pour faire du sens avec leurs incarnations passées.

10ᵉ plan

C'est, entre autres, le plan des grandes âmes humaines qui guident l'humanité.

11ᵉ plan

C'est un plan de mise en ordre, notamment pour les futures incarnations.

12ᵉ plan

C'est le plan de méditation et d'aspiration vers le Divin.

13ᵉ plan

C'est le plan où se forment les polarités des consciences supérieures de notre système solaire. C'est aussi un espace de vide contemplatif.

14ᵉ plan

C'est le monde de la non-forme où toutes les formes sont potentiellement disponibles. C'est la matrice des plans vibratoires du système solaire. Il n'y a pas de polarité, elles sont fondues l'une dans l'autre. C'est aussi le plan de l'or alchimique.

Après le 14ᵉ plan : il existe d'autres plans qui sont en reliance avec les consciences galactiques et l'univers, jusqu'à la conscience de ce qui a tout engendré. À noter aussi que les ultimes plans, tout en étant les plus lointains, sont partout au niveau géographique. C'est ce que nous nommons la matrice.

La matrice

C'est une énergie/matière primordiale dont sont extraits les mondes, les civilisations, le temps, l'espace..., bref, toutes les formes physiques ou non physiques.

C'est aussi une présence, une conscience dans les différentes consciences, une vibration commune à chaque chose qu'elle soit matière, ou non, qu'elle soit de ce monde ou non. Elle est le support de toutes les réalités, la trame omniprésente à tous les fondements même ceux des dieux et des autres civilisations. Cette trame est observable par la clairvoyance.

Le Divin, la source

C'est la conscience première, au-delà de la matrice et de la dualité. Il et Elle précède tout et n'est soumis à rien.

Le chemin de vie de l'être humain incarné à travers les plans

Voilà ce que nous enseignent les plans vibratoires quand notre conscience évolue à travers eux :

- 1ᵉʳ plan : Mutation physique, évolution de l'espèce.
- 2ᵉ plan : La sensation, l'émotion.
- 3ᵉ plan : Compréhension des émotions, structuration de l'expérience avec le mental.
- 4ᵉ plan : Relation avec le groupe.
- 5ᵉ plan : Développement de la créativité.
- 6ᵉ plan : La perception que l'on a du Divin ou des forces subtiles.
- 7ᵉ plan : Relation avec le Divin.
- 8ᵉ au 13ᵉ plan : La construction de la conscience de l'âme.
- 14ᵉ plan : État de réalisation du Soi dans le système solaire.
- Au-delà du 14ᵉ plan : Évolution du Soi à travers un développement de sa conscience cosmique.

Qu'appelle-t-on énergies stagnantes ?

Ce sont des énergies mortes créées par la contraction de nos organes ou de toute autre partie de notre corps physique. Elles sont également produites par une mauvaise alimentation, la consommation d'alcool ou d'autres drogues. Elles ressemblent à des nuages gris, à de la ouate grise, et sont plus ou moins denses. Elles peuvent même se cristalliser et se figer comme des cailloux.

Il existe deux types d'énergies stagnantes : les énergies stagnantes éthériques et les énergies stagnantes liées à un dysfonctionnement du 2e au 10e corps.

Les énergies stagnantes éthériques sont créées par le corps éthérique (1er corps). Ce sont des énergies qui doivent repartir en terre. Elles collent un peu comme du chewing-gum. Pour les évacuer, vous pouvez secouer les mains d'un ou plusieurs coups secs en direction du sol. Autre possibilité : vous pouvez également mettre les mains en contact avec la terre en étant tourné face au sud. Puis, inspirez et expirez trois fois par le nez et retournez vos mains, cette fois-ci, la paume vers le ciel, le dos de vos mains en contact avec le sol, puis faites à nouveau trois respirations identiques aux précédentes. Troisième possibilité : passez les mains sous l'eau chaude, sans les frotter et en laissant couler l'eau sur elles (1 min.). Cette technique fonctionne mal lorsque l'eau est faible vibratoirement et, malheureusement, c'est le cas dans un grand nombre d'endroits.

Les énergies stagnantes liées au dysfonctionnement du 2e au 10e corps sont retirées des corps énergétiques du consultant et sont élevées par le thérapeute jusqu'au 8e plan afin d'être dissoutes.

Pourquoi notre être évolue-t-il à travers les mondes, l'espace et le temps ?

Il semblerait que notre but soit de devenir des créateurs de mondes (voir la description des glandes). Pour cela nous avons besoin de nourrir notre Soi à travers les différentes expériences de notre âme et de notre ego (Moi).

Ces expériences se déroulent à travers ce que nous nommons le « Chemin de Vie ». Elles sont là pour faire évoluer la conscience supérieure en nous. Ainsi, les actions et expériences passées de nos anciens Moi et de notre âme qui se seraient « mal déroulées », ou les événements dont nous n'aurions pas retiré les fruits, s'inscrivent sur ce chemin et peuvent à nouveau se présenter à nous. Ces événements non conscientisés sont parfois nommés : le karma. C'est une sorte de compte en banque de « bonnes » ou « mauvaises » actions, mais il faut avant tout le considérer comme une énergie qui nous pousse à mettre de l'ordre là où nous sommes restés hermétiques à l'évolution.

Les différents niveaux d'expérience

1 : Expérience de la réalité la plus immuable

2 : Visualisation, rêve

3 : Sensation, déduction, réflexion

4 : Expérience concrète sans blessures

5 : Expérience laissant des marques

6 : Expérience traumatisante

7 : Mort

LES QUALITÉS À DÉVELOPPER POUR LA PRATIQUE DU MAGNÉTISME HUMANISTE

L'enracinement et la respiration

L'enracinement est la capacité à se relier aux énergies subtiles produites par la Terre. Pour le maîtriser au niveau magnétique, nous aurons recours au canal Terre/Ciel et aux canaux secondaires.

Le canal Terre/Ciel a habituellement un diamètre de 8 cm. Il commence à 30 cm au-dessous des pieds et monte jusqu'à 60 cm au-dessus de la tête. Il passe au centre de l'intérieur du corps. Il est notre arbre intérieur, il nous aligne sur la direction, le chemin juste, sur l'ici et maintenant.

De 4 cm de diamètre, les canaux secondaires commencent sur le canal Terre/Ciel, remontent à travers le centre des jambes et se croisent entre le deuxième chakra et le nombril. Ils se rejoignent à nouveau 25 à 40 cm au-dessus de la tête. Ces canaux sont liés à la démarche, à la mise en mouvement du corps, à l'horizontalité, à la façon de parcourir le chemin de vie.

Il existe encore au moins neuf autres canaux d'alimentation dans le corps qui peuvent alimenter différentes fonctions.

Ces trois canaux permettent la circulation des énergies telluriques et cosmiques, comme des tuyaux qui canalisent l'eau. En visualisant notre canal Terre/Ciel plongé dans la Terre, voire au cœur de la Terre, nous nous relions aux énergies de l'incarnation, aux énergies de vie, à la pulsation de la Terre-Mère.

Dans un deuxième temps, comme pour faire circuler de l'eau, il nous faudra une sorte de pompe et, chez les êtres vivants terrestres, cette pompe, c'est la respiration. Il s'agit d'une respiration complète, c'est-à-dire qu'à l'inspire, nous gonflons le ventre, puis les poumons et qu'à l'expire, nous dégonflons le ventre, puis les poumons. Nous utiliserons aussi le raclement nasal en faisant monter l'air au niveau de l'os ethmoïde et en le faisant descendre par l'arrière de la gorge. C'est un peu le même principe que pour sentir un parfum de fleur ou d'huile essentielle. Cette technique de respiration s'effectue uniquement par le nez, à l'inspire comme à l'expire. Il suffira ensuite d'inspirer l'énergie terrestre à travers le canal Terre/Ciel et les canaux secondaires et de l'expirer ensuite à travers nos bras pour qu'elle sorte par nos mains.

La rapidité ou la pondération servent de régulateur en fonction des besoins énergétiques de la personne qui est magnétisée.

La patience

La patience de se former, de grandir intérieurement : cette loi est la règle, même pour les meilleurs karmas. C'est se donner le temps d'intégrer intérieurement ce que l'énergie consciente nous propose. L'effet produit par l'impatience est contraire à ce que nous voulons créer. Il nous semble évident qu'aller vite nous permettra de gagner du temps, d'arriver avant..., mais ceux qui sont au bout du voyage savent que la maîtrise est un arrêt, et non un mouvement, encore moins un empressement. La pratique des diverses techniques qui suivent va, je crois, vous permettre de développer vos capacités afin de maîtriser l'art du magnétisme. La pratique est en tout cas le meilleur moyen de progresser.

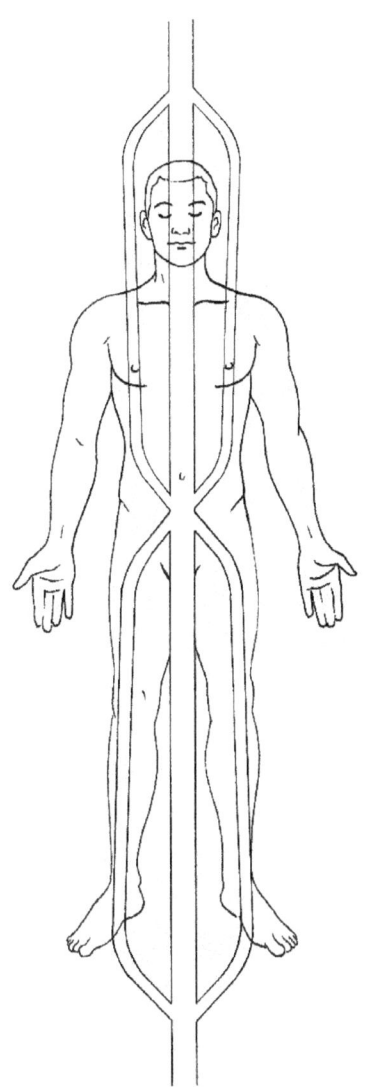

Canal Terre/Ciel et canaux secondaires

Pratiquer la méditation

La méditation sera nécessaire pour la maîtrise des facultés mentales du magnétiseur. Seul un mental apaisé pourra percevoir clairement les blocages vibratoires et leurs causes. Une des méditations les plus simples, qui est enseignée dans diverses doctrines, est la méditation du « Je suis ». Je vous en donne ma version : assis en tailleur ou sur une chaise, les jambes croisées, fermez les yeux.

Placez votre attention sur chaque chakra pendant environ cinq secondes en commençant par le premier. Il est possible que vos yeux se révulsent quand vous porterez votre attention sur votre 7e chakra : c'est un phénomène normal, ne cherchez pas à l'empêcher sauf si cela vous est désagréable. Continuez jusqu'au 9e chakra, puis maintenez-y votre intention.

Puis vous allez faire le vide, supprimer toute pensée. Au début, les pensées vont revenir : regardez-les passer sans vous y attarder comme si elles passaient sur un écran au loin. Gardez à l'esprit que ces pensées ne vous appartiennent pas. Même si elles semblent vous concerner, ce n'est pas vous qui les avez appelées.

Vous pouvez aussi simplement utiliser l'intention intérieure de « lâcher » ou « abandonner ». En utilisant ces moyens, vous arriverez à l'état d'absence de pensées. Ce premier état génère de la paix dans votre système nerveux, dans votre rate, dans l'ensemble de votre corps mental, ainsi que dans vos hémisphères cérébraux.

Installez-vous dans ce calme, prenez conscience de votre espace intérieur, celui de votre aura où s'étend votre être.

Puis vous allez répéter dans cet espace immense : « Je suis ». Faites résonner ce « Je suis » comme un écho dans une grotte jusqu'à ce que cette affirmation, cette question, fasse apparaître ou vous fasse ressentir ce qui est à l'intérieur de vous. Ce n'est ni un homme ni une femme, cela n'est pas pris dans la dualité de l'univers, cela ne bouge pas. C'est votre Soi. Puis fixez votre intention sur le Soi. Arrivé là, contemplez en silence l'immensité du potentiel.

Avant de sortir de votre méditation, vous pouvez répéter intérieurement en silence trois fois les phrases suivantes : « Je suis cela », « Je contemple cela », « J'incarne cela », « Je vis avec cela », « J'agis avec cela ». Vous pouvez également sélectionner une ou deux phrases en fonction de votre besoin du moment.

Cette méditation dure en moyenne vingt minutes, mais rien ne vous empêche de la faire durer autant que vous le voulez. Vous pouvez méditer matin, midi et soir, les résultats n'en seront que plus probants.

Nombreux sont ceux qui cherchent la paix ou des pouvoirs de perception et, à mon avis, la méditation est le moyen le plus efficace pour y parvenir. Même pour ceux qui cherchent la libération.

Avoir un langage conscient

Le magnétiseur, ou la magnétiseuse, devra avoir un langage positif, respectueux et conscient lorsqu'il échange avec son consultant. Les mots produisent de l'énergie, ce qui est un avantage quand cette énergie encourage la vie et un inconvénient quand la vibration des mots ralentit l'énergie de l'aura.

À noter que, dans la quasi-totalité des cas observés, la vibration d'un mot, qu'elle soit négative ou positive, sera la même pour tout le monde. Même si certaines croyances personnelles peuvent ralentir la vibration positive d'un mot, dans le cas d'une vibration négative, les croyances positives n'auront pas une influence suffisante sur elle. Il est important d'avoir un langage positif, encourageant, où chaque mot reprend sa signification de départ. Actuellement, nous entendons des expressions comme « ça tue » ou « ça déchire » pour signifier que quelque chose est bien. Il est préférable de dire « c'est bien » plutôt que « c'est pas mal », car ce qui n'est « pas mal » est « bien ». Rien n'empêche d'ajouter des « très » et des « super ».

La compréhension des mécanismes psychiques

Pour aborder l'être humain dans sa globalité, il est indispensable de prendre en compte son psychisme et d'avoir les outils pour le faire.

La connaissance des structures de caractère psychiques et la compréhension des différents états du Moi, du triangle dramatique et du triangle d'autonomie définis par l'analyse transactionnelle sont des bases solides pour le décodage des mécanismes psychiques.

Les tests au pendule

L'utilisation du pendule avec des planches de mesures permet d'effectuer différentes évaluations en rapport avec le consultant (corps énergétiques, chakras…) ou son environnement (problèmes géobiologiques…). C'est un outil précieux pour diagnostiquer les diverses causes des problématiques.

Grâce au pendule, nous pouvons mesurer la qualité (plans vibratoires) et la quantité (unités vibratoires) du consultant. Ces tests permettent de vérifier la progression d'une personne sur son chemin thérapeutique ou spirituel. Même s'ils ne révèlent pas tout, ils donnent une bonne vision d'ensemble. Les planches de mesures sont des demi-cercles dessinés sur une feuille. Ces demi-cercles présentent des cases dans lesquelles sont inscrites des données.

Outre l'utilisation des planches de radiesthésie pour effectuer ces mesures, il est possible de se servir du pendule pour travailler directement dans l'aura du patient. En ce qui concerne le pendule, un modèle de forme allongée, en bois, est un excellent choix. Personnellement, j'utilise ceux que je réalise en verre informé.

La connaissance de l'anatomie humaine

Pour être en mesure de localiser et de visualiser les organes sur lesquels le travail va s'effectuer, il est nécessaire de connaître les grands principes biologiques et les bases de l'anatomie humaine. Préférez les livres qui proposent des schémas simples du squelette, des systèmes sanguin et lymphatique, des organes et des glandes.

Développer des capacités de perception

La pratique du magnétisme et de la géobiologie demandent de développer des capacités de perception des énergies et des informations subtiles.

Le praticien n'est pas obligé de les développer toutes ni de les maîtriser de façon égale. Cependant, il devra en maîtriser quelques-unes pour avoir les informations nécessaires à l'action thérapeutique. Contrairement à une idée reçue, ces capacités que certains jugent extraordinaires ne sont pas l'apanage de quelques sujets surdoués ou initiés d'Ordres divers. Elles se développent naturellement à travers la pratique du magnétisme et de certaines formes de méditation. Il existe des techniques pour lancer le processus ou affiner les perceptions. Je mets cependant le lecteur en garde contre l'utilisation de drogues, de substances psychotropes ou de certaines techniques de respiration trop violentes qui provoqueraient des perceptions extrasensorielles non maîtrisées qu'il ne pourrait plus arrêter ou gérer par la suite. N'oublions pas que les capacités de perception sont un moyen, et non un but. En fonction de votre personnalité et de votre âme, vous allez les développer différemment.

Voici une liste des capacités à développer sur un chemin d'évolution.

La clairvoyance

C'est la capacité à « percevoir » les réalités subtiles qui nous entourent. Il y en existe plusieurs types :

La clairvoyance réceptive

Elle permet d'observer les différents corps énergétiques d'une personne, l'aura d'un objet ou les couleurs des plans vibratoires. Elle se produit principalement en vision périphérique, en ne focalisant pas notre vision sur un point précis et grâce à la détente des hémisphères cérébraux.
Avantages : c'est une vision très concrète, en apparence, donc plus spectaculaire pour ceux qui ont besoin de preuves.
Inconvénients : elle est fluctuante, dépend de l'éclairage extérieur et sa mise en œuvre s'avère peu rapide.

La clairvoyance par émission

Elle permet, comme la clairvoyance réceptive, d'avoir une image des énergies extérieures, mais aussi des énergies intérieures, qu'il s'agisse de personnes ou d'objets. C'est le même fonctionnement qu'un radar ou un scanner. Le clairvoyant projette de l'énergie par ses yeux sur ce qu'il veut observer et va sentir si son énergie passe plus ou moins facilement à travers l'objet. Dans le cas d'une personne, le clairvoyant va sentir que les zones de vide énergétique sont traversées plus facilement que les zones chargées d'énergies perturbées ou stagnantes.

En se focalisant sur une des zones repérées, et en laissant venir d'autres sensations, il pourra sentir les émotions qui s'y trouvent bloquées. Il pourra éventuellement affiner les causes de ces émotions, les contextes qui les ont créées et les raisons de leur blocage. Pour y parvenir, il faut de l'entraînement, mais c'est à la portée de tous.

Cette forme de clairvoyance est reproductible sur photo, que ce soit pour un lieu ou un individu. Les informations perçues seront celles qui existaient au moment où la photo a été prise d'où l'importance d'avoir des photos récentes avec la personne seule ou avec le lieu sans personne. Il existe néanmoins un moyen pour percevoir les énergies dans le présent de la personne même si la photo est ancienne.

Pour obtenir des informations relatives à l'énergie d'un lieu, y compris du sous-sol, il est également possible de travailler sur plan.

La clairaudience

C'est la capacité à entendre des sons en provenance des plans vibratoires. Elle permet notamment d'entendre les êtres humains qui existent sur les plans vibratoires entre deux incarnations, ceux que nous appelons couramment les guides. Au début, nous entendons seulement des mots, puis parfois des phrases, voire de véritables conversations. Ces informations, si elles sont nombreuses et vous concernent, doivent être notées, car elles sont captées par nos oreilles au niveau des corps supérieurs. Elles sont ensuite perçues et décryptées par nos cerveaux supérieurs, ce qui fait que notre ego ne les enregistre pas dans son mental standard (3e et 2e plan) et que ces informations vont s'évaporer très rapidement.

Dans la pratique du magnétisme, la clairaudience permet parfois d'avoir des informations utiles pour le consultant. À nous de « sentir s'il est juste » de lui transmettre ces informations et de quelle manière.

Le clair toucher

C'est la capacité à sentir à travers nos mains les différentes énergies présentes sur une personne ou un objet. Cela passe, dans un premier temps, par des sensations de picotements dans les mains, de froid, de chaud... Avec de la concentration, nous allons pouvoir décrypter ces sensations énergétiques et comprendre si elles sont liées à une émotion, un accident, une mémoire de vie antérieure... C'est la capacité la plus développée chez les praticiens et souvent la plus efficace. Elle se marie très bien avec la clairvoyance par émission puisqu'elle fonctionne sur le même principe dans la phase de décryptage de l'énergie.

La voyance dans le temps

Il est possible d'obtenir des informations sur les incarnations de l'âme d'un consultant au moyen d'une façon particulière de regarder. Cela est aussi partiellement possible pour l'avenir. Cependant, ce type de voyance ne doit être pratiqué qu'à des fins utiles et justes qui puissent faire sens par rapport aux conseils éventuellement transmis au consultant. Le rôle du magnétiseur n'est pas de jouer au voyant.

Les « flashs »

Ce sont des images et des informations qui viennent subitement à la conscience. Ils sont probablement captés dans les plans vibratoires par l'hémisphère droit du cerveau. Quant à l'intuition, elle est un peu différente. Elle se présente souvent comme une imprégnation de sensations, l'impression de savoir ou de sentir quelque chose qui est dans l'« air ». Elle constitue souvent une forme de prémonition.

La vision à distance

Elle nous permet de voir un lieu ou une personne à distance en décorporant une partie de notre aura : en envoyant une partie de notre 4e corps sur le lieu concerné, nous pouvons visualiser des images, à la manière d'une caméra téléguidée, et capter des sensations par rapport à l'ambiance énergétique de la zone où s'est rendu notre 4e corps. C'est une technique utile pour la géobiologie, elle permet par exemple de visualiser un lieu problématique décrit par un consultant.

Le test aurique

Principalement utilisé sur soi, il permet de sentir si l'énergie d'un objet, ou d'un produit, est positive ou négative. Dans un deuxième temps, il permet de tester si l'objet est bon pour notre énergie. La plupart du temps, la méthode consiste à prendre l'objet dans ses mains, à devenir cet objet par empathie vibratoire, puis à se détendre et à respirer doucement. Si nous éprouvons une sensation d'écrasement ou de basculement du corps, c'est que l'objet n'est pas bon. S'il ne se passe rien, c'est que l'objet est neutre. Si nous éprouvons une sensation d'enracinement ou d'élévation, ou bien encore les deux, il y a une forte probabilité pour que l'objet soit bon vibratoirement.

Attention, cet objet ne doit pas, pour autant, être obligatoirement acheté ou consommé, car il se peut qu'il ne nous corresponde pas. Nous pouvons également faire le test en regardant l'objet et en ressentant ce qui se passe sur notre corps.

Une autre variante consiste à se poser intérieurement des questions en ressentant notre aura. Si la réponse à ces questions est négative, nous éprouverons une sensation de condensation et de compression des poumons. Si la réponse est positive, nous éprouverons une sensation d'ouverture.

Évidemment, comme pour tous les tests à questions, il faut prendre en compte notre intention, à savoir si nous cherchons des réponses sur ce qui est « bien » pour nous ou sur ce qui est « juste ». Ces tests auriques ont également de nombreuses applications en géobiologie, puisqu'ils permettent de collecter, en direct, une grande quantité d'informations sur l'énergie d'un lieu.

Maîtriser le mental

Le mental, c'est-à-dire la capacité à penser, est un outil indispensable à la compréhension de nos perceptions, qu'elles soient physiques ou extrasensorielles. Il fournit une description et une base de données concernant la chose perçue. Il faut aussi comprendre que, même si le siège de l'intellect se situe au niveau de l'hémisphère gauche, tout notre corps pense, car notre corps mental est réparti sur l'ensemble de notre corps physique. Pour être encore plus précis, il faut indiquer que les corps 4, 5, 6, 7, 8, 9 pensent et éprouvent eux aussi, mais à leurs niveaux de correspondance.

Si le corps mental et le cerveau nous permettent de donner un sens à nos perceptions, ils peuvent aussi enfermer celui-ci dans des définitions préétablies.

Par exemple, vous voyez un nuage en forme de « dragon » et vous le montrez à une personne qui, probablement, va y reconnaître un « dragon ». Pourtant, vous n'avez jamais vu de dragon ni l'un ni l'autre !

Ceci s'explique simplement par la présence, dans nos croyances, de représentations de formes. Il va de soi qu'un individu qui n'aurait jamais vu de représentations de dragon ne pourrait pas en reconnaître un dans ce nuage et pourrait y voir autre chose en correspondance avec son référentiel d'images/formes.

Par conséquent, le danger est que nous mettions nos perceptions dans des cases préétablies, ne distinguant pas les perceptions « réelles » de celles que notre cerveau rejettera comme étant en dehors de son champ de représentation, donc de ses croyances.

Je pourrais le formuler ainsi : « Je ne crois que ce que je vois ; donc je ne vois que ce que je crois ! » Partant de ce principe, beaucoup de perceptions des plans subtils peuvent être ignorées ou rejetées par notre intellect.

Nos croyances et nos sens définissent le monde qui nous entoure. Pourtant en codifiant la réalité, ils l'ont limitée et souvent formatée au péril du sens. En spécialisant les sciences et les êtres, en cloisonnant les religions, la vie et la mort, la matière et l'énergie, nous en sommes arrivés à une perception divisée et erronée. L'homme est séparé sous l'œil de l'intellect. Il est pourtant possible de revenir à une vision holistique du monde, où tout a un sens, où tout participe de tout. À une approche non séparée, où l'être humain retrouve son pouvoir personnel, son unicité, sa nature hautement énergétique. Il est possible de structurer cette approche, dans une science de l'être humain qui englobe la notion de corps-âme-esprit. Une vision qui ne voit plus un état, mais un Être et qui s'appuie sur la science des sages et les réalités subtiles de l'être.

Une visée évolutive qui rendra les possibles de la vie à notre part la plus consciente : le Soi.

SE PRÉPARER À UNE CONSULTATION

La préparation passe déjà par une bonne connaissance de soi, au niveau physique, mental et vibratoire, car une analyse de ses propres dimensions permettra d'être précis dans le choix des exercices de préparation. Voici une liste de techniques que vous pouvez utiliser en fonction des besoins.

Préparation classique des chakras
(pour les faiblesses vibratoires)

Vous pouvez commencer par respirer avec le raclement nasal qui va dynamiser le corps éthérique. Je vous conseille de maintenir cette respiration tout le long de l'exercice. Puis vous allez placer votre intention sur votre canal Terre/Ciel (et les canaux secondaires éventuellement) et vérifier qu'il est bien relié à la Terre. Portez votre intention sur votre 1er chakra : visualisez-le entièrement d'un rouge lumineux, puis étendez la lumière rouge à tout votre corps physique et ensuite à l'ensemble de votre aura.

Faites de même pour les autres chakras dans l'ordre suivant : orange pour le 2e chakra, jaune pour le 3e, vert ou rose pour le 4e, bleu pour le 5e, bleu indigo pour le 6e, violet ou blanc pour le 7e.

Méridiens bloqués, raideurs dans le corps

Je vous conseille d'apprendre des postures du hatha-yoga : vous trouverez différentes postures pour libérer les articulations et fortifier les méridiens. Il est également possible de travailler sur les méridiens avec vos doigts par frottement ou envoi d'énergie. L'utilisation conjointe de points sur les doigts et de sons sacrés est de premier ordre pour énergétiser certains organes.

Techniques pour se concentrer mentalement

<u>1re technique</u>

Je vous conseille de respirer calmement en faisant des respirations complètes. Commencez par inspirer par le nez et souffler par la bouche trois fois. Puis inspirez et expirez uniquement par le nez. Vous devez gonfler le ventre et les poumons à l'inspire et bien vider l'air des poumons à l'expire. Comptez, mentalement, un temps équivalent à l'inspire et à l'expire.

<u>2e technique</u>

Utilisez les méditations qui conviennent à votre besoin de préparation.

<u>3e technique</u>

Écoutez une musique qui vous relaxe ou regardez une image qui vous apaise.

<u>4e technique</u>

Visualisez une boule orange, comme un soleil, à environ 50 cm devant votre 6e chakra. Tenez votre concentration au moins trois minutes. Cela stabilisera votre esprit et fortifiera votre concentration.

La prière, l'aide des guides et des forces supérieures

Pour ceux qui croient ou en ont fait l'expérience, il est possible de demander de l'aide à travers la prière. Cette prière peut s'adresser à ce que l'on appelle communément les guides. Ces guides sont des humains désincarnés qui continuent leur évolution sur d'autres plans vibratoires. Ils sont assez efficaces en magnétisme sur les corps énergétiques 5 à 9. Le fait qu'ils ne soient pas incarnés complique la condensation de leurs énergies dans des niveaux plus denses, à moins qu'ils ne passent partiellement par le magnétiseur.

La prière ne se limite évidemment pas aux guides, cependant, lorsque l'on demande l'aide de forces supérieures, il faut vérifier que l'on a bien la bonne reliance et que l'on s'adresse aussi au bon endroit, le plus simple étant souvent de demander au Divin que le plus juste s'accomplisse.

Être dans l'amour

La première forme, c'est l'amour, le reste est une modulation de cette forme. C'est ce que vit Dieu en expirant l'univers.

Pour moi, l'amour est la capacité à intégrer l'autre, quelle que soit sa forme. L'amour, c'est accepter l'autre dans sa différence tout en lui laissant la possibilité d'être autrement. Mais, l'amour est comme un diamant à mille facettes qui se décline de bien des façons, de la bienveillance à la compassion, de l'amour besoin à l'amour désir. Cette énergie passe par le filtre de notre conscience et se dirige au gré de notre volonté. Le praticien devrait maintenir le rayonnement de son chakra du cœur durant toute la séance. Le rayonnement d'amour est bienveillant et sans jugement, apitoiement ou attachement. Comme le soleil qui brille pour toutes les formes, à chacun d'en retirer les bienfaits dont il a besoin.

Une hygiène vibratoire et un lieu de consultation vibratoirement haut

Le praticien ou la praticienne doit respecter une stricte hygiène vibratoire, en plus de sa préparation énergétique.

Entre deux patients, il devra dégager ses avant-bras dans son puits de décharge en raclant les éthériques stagnants qui auraient pu s'accumuler : il devra penser à bien dégager les doigts et entre les doigts, en tirant sur les énergies stagnantes qui se seraient glissées entre les articulations. L'alimentation du praticien devrait être biologique et il boira de préférence de l'eau énergétisée. Il utilisera des systèmes de rechargement. Bref, il fera tout ce qui semble approprié à un praticien pour maintenir son bien-être, et donc sa capacité à assumer sa fonction dans les meilleures conditions.

C'est pour ces raisons qu'une bonne connaissance de soi, et en l'occurrence de ses propres faiblesses, permet de faire un bilan rapide des zones qui nécessitent une remise en ordre.

L'équilibrage énergétique de la pièce de consultation (voir le chapitre sur la géobiologie) sera également primordial. C'est pour cette raison que, même après l'équilibrage de la pièce, il faudra régulièrement vérifier que l'énergie positive se maintient en procédant à des mesures de la qualité vibratoire générale, du plan le plus bas de la pièce, de la vibration du puits de décharge et de son taux d'énergies telluriques.

Le praticien veillera à ses temps de repos, à prendre des vacances, à parler d'autres choses que de son métier, à penser à autre chose, à avoir des amis, à communier avec la nature et à avoir le goût de la vie. Il doit savoir et ressentir que son métier, comme son incarnation, n'est que passager et il ne s'attachera ni à l'un ni à l'autre. Il fait de son mieux, mais ne doit pas s'identifier à son rôle ou à sa fonction.

Si tout cela ne suffit pas, il n'hésitera pas à aller voir d'autres thérapeutes afin de se soigner ou de se faire aider : « Souvent un bon thérapeute est un bon patient ».

L'ACCUEIL DU CONSULTANT

Le praticien prendra d'abord soin d'indiquer à son hôte où se trouvent les toilettes ! Une envie pressante pendant la séance pourrait perturber la concentration du consultant.

Le consultant s'assiéra de préférence sur une chaise en bois, si possible à lames ou paillée, pour une meilleure circulation des énergies. Lorsque le praticien utilise des systèmes énergétiques, il devra les disposer de préférence en triangulation autour de la chaise du consultant. Dès que ce dernier s'assoit, il est possible qu'il entre aussitôt dans sa problématique : il faut donc être prêt dès son arrivée.

Pour commencer la séance, il est bon de rappeler que les consultations sont confidentielles et que le consultant est en sécurité ici (si vous le sentez dans la peur). Puis, nous expliquons notre technique, et pouvons éventuellement montrer des schémas des chakras.

Nous faisons valoir que le consultant va participer à la séance, partant de l'idée que certaines problématiques sont créées par une part de la conscience et que c'est une autre part de la conscience qui peut être amenée à faire de nouveaux choix.

Cette conscience guérissante se situe évidemment à un niveau supérieur par rapport à la conscience blessée. Nous pouvons l'appeler « part adulte », ou « part de l'âme », ou « part de l'esprit », en tout cas utiliser une appellation qui fera sens pour notre consultant. Celui-ci, en accomplissant au moins 51 % de son action de guérison, se trouve dès lors dans un processus d'autonomisation. Il est recentré sur son pouvoir de changer par lui-même. Nous pourrons l'inviter à faire appel à la part qui veut changer, qui peut changer, afin de faire son choix vers la liberté, la paix, l'amour, la joie, l'unité.

Un autre aspect de la participation du consultant est l'action du souffle. Il sera amené régulièrement « à inspirer par le nez et à expirer par la bouche », l'expire permettant le relâchement et la libération d'une partie des énergies stagnantes.

Posture type de magnétisation

CHERCHER LES CAUSES DE LA PROBLÉMATIQUE DU CONSULTANT

*C'est en sachant d'où l'on vient
que l'on comprend parfois où l'on va.*

Les multiples causes des problématiques se trouvent aux différents niveaux de l'être humain, que ce soit au niveau biologique, au niveau de l'ego, de l'âme ou du Soi.
Sachant qu'il y a autant de possibilités que d'êtres humains et qu'elles peuvent se cumuler, voici une liste descriptive, non exhaustive, des principales causes. Elles sont présentées avec des solutions et des phrases-clés pour les besoins, des visées positives et des visées évolutives.

La famille, l'éducation

La famille peut nous enfermer dans des croyances erronées sur nous ou sur le monde. Cela se fait de manière verbale, visuelle, ou par l'imprégnation de la vibration de l'aura des adultes sur les enfants que nous étions. Les trop et les manques dont nous avons pu hériter de nos pères et de nos mères s'inscrivent dans la personnalité de protection que nous construisons. La majorité des consultants éprouvent le besoin de devenir leur propre source d'énergie « père » et d'énergie « mère », de rendre les croyances enfermantes à leurs parents ou à ceux qui leur ont servi de parents, l'idée n'étant pas de les blâmer, mais de retrouver la liberté d'agir par soi-même, de passer de l'état psychique d'enfant à celui d'adulte aux commandes de sa vie.

Les mémoires intra-utérines

Elles créent des désordres énergétiques dans la vibration de la cellule, créant des blocages dans la densité du corps. La psyché du consultant a du mal à comprendre leur provenance puisqu'elles sont issues d'un niveau de conscience prénatal. Pour agir sur elles énergétiquement, il faut densifier l'énergie du praticien et la conscience du consultant dans la pensée des cellules. Il faut pouvoir changer leurs programmes en les ramenant à un état positif dans l'ici et maintenant.

Le chemin de vie

C'est le parcours qui permet à notre ego, à notre âme, à notre Soi et au collectif d'évoluer. Il est composé de différentes séquences d'apprentissage qui s'entremêlent entre elles, le but étant toujours d'intégrer de nouvelles façons d'être et d'interagir avec les mondes et les êtres qui nous entourent. S'il n'est pas suivi, une sensation de mal-être peut apparaître, ou bien le sentiment d'un manque de sens de l'existence, l'impression de ne pas être soi...

Le karma

Il s'agit du passif de nos actions bonnes ou mauvaises. Il est là pour rééquilibrer des injustices ou des leçons non apprises dans le passé par les anciens ego que l'âme a revêtus. Si parfois, il peut avoir un aspect punitif, c'est toujours dans un but de compréhension. À noter que notre ego actuel n'est pas responsable des actions des anciens ego de l'âme. En conséquence, il est parfois compliqué pour certaines personnes de comprendre ce qu'il leur arrive, si elles ne disposent pas des informations concernant leur karma potentiel ou leur chemin de vie.

La nourriture

Il va de soi qu'une mauvaise alimentation a des effets sur le corps physique, mais aussi sur la psyché et l'énergie. Nous aurons donc tout intérêt à opter pour une nourriture vivante, biologique et énergétique. Il est grand temps de prendre en compte la notion d'énergie dans l'agriculture. Les aliments riches en énergie éthérique sont de véritables sources de santé. Je travaille actuellement à des solutions permettant de multiplier par quatre ou par huit la quantité d'énergie contenue dans les légumes.

Les drogues

Elles produisent différents effets sur l'aura et sur l'énergie des organes, sans parler des compensations psychiques. Certains les utilisent pour avoir des visions et/ou des contacts avec l'astral. Ma clairvoyance m'a souvent montré que les drogues créent des désordres profonds dans la psyché, des trous énergétiques dans le foie, des décalages et des « débranchements » dans les corps supérieurs.

Le conjoint

La relation doit parfois changer en fonction des événements de la vie. L'évolution, les changements d'objectifs peuvent entraîner des incompréhensions dans le couple, chacun optant parfois pour des directions différentes. La première solution consistera à changer le niveau de la relation, à travers une communication authentique. Si cela ne suffit pas, on sera parfois amené à choisir entre continuer la relation ou y mettre un terme.

Les techniques énergétiques négatives

Les techniques énergétiques ne sont pas forcément toutes bonnes, même si nous croyons fréquemment avoir la meilleure. Attention aux certitudes dans ce domaine : des tests réguliers permettent de vérifier l'état ou l'évolution des anciennes et des nouvelles techniques.

Le transgénérationnel

Il correspond à des mémoires énergétiques que l'on trouve généralement sur le 4e corps. Ce sont des problématiques non résolues dans la lignée familiale, par exemple des décès cachés (pendus, personnes dont le corps n'a pas été retrouvé), des attachements à des maisons ou à des entreprises familiales, des attitudes vis-à-vis de la vie.

Le deuil

Il passe parfois par des phases de déni, puis différentes émotions. La guérison viendra par l'acceptation, puis le pardon, quel que soit le sujet du deuil.

Les abus sexuels

En magnétisme, les énergies stagnantes qui sont liées à ces traumatismes pourront être enlevées. La visée positive permet à la victime de récupérer sa pureté et le droit de vivre son corps comme elle le souhaite.

Les lieux de travail ou d'habitation

La négativité des lieux agit sur la santé physique et psychique de l'individu. Un équilibrage des lieux de travail et d'habitation, à travers la géobiologie, est nécessaire (voir le chapitre sur la géobiologie), car, même si vos séances de magnétisme (ou d'autres techniques) sont efficaces, il serait irrationnel que votre consultant, après la séance, retourne dans des lieux négatifs où il se déchargera.

Le besoin de pardonner

Comment pardonner ? En acceptant l'autre dans sa différence et en lui laissant la possibilité d'être autrement.

L'une des premières choses à faire est peut-être de dissocier l'acte de la personne qui le commet. L'acte en lui-même n'est parfois pas pardonnable, mais l'on peut pardonner à son auteur. Pardonner, c'est aussi redonner sa part à l'autre et reprendre la sienne. C'est aussi intégrer, par le chakra du cœur, que la situation qui faisait souffrir n'est plus associée à une émotion négative pour soi. Pardonner, c'est aussi permettre à l'autre d'être autre chose que ses actes.

Les niveaux mentaux et émotionnels des organes

En plus de leurs fonctions biologiques, les organes assurent des fonctions psychiques et énergétiques. Chaque organe existe dans chaque corps énergétique. Voilà une description générale et non exhaustive des organes dans leurs réalités énergétiques. Les phrases à visée positive et évolutive sont données à titre d'exemple et ne constituent pas un ensemble exhaustif. Le consultant les utilise généralement en répétition silencieuse sur la zone du corps alors en difficulté.

Les poumons

Les poumons sont souvent liés à la façon dont nous gérons notre place dans le monde, le groupe, la famille.

Quand tout va bien, nous ressentons notre place dans le monde et la place des autres dans le monde. Chacun a son espace : il n'est pas nécessaire de le prendre à l'autre ou de céder le sien à l'autre. Lorsque nous allons mal, nous pouvons penser être de trop, ne pas avoir assez de place, ou encore avoir besoin de prendre la place des autres pour ne pas perdre la nôtre. J'ai ma place dans le monde, tout le monde a sa place.

Visée positive :
  Je prends ma place.
  J'ai toute ma place.
  Je n'ai pas à lutter pour être.

Visée évolutive :
  Je suis en toutes choses.
  Je suis immortel (pour la peur de la mort).

La rate

C'est le centre de la tranquillité, du bon rythme. Mais la rate est souvent soumise au stress, au rythme trépidant de la société de consommation, aux angoisses, aux ruminations.

Visée positive :
    Je vis à mon rythme.
    Je prends mon temps.
    Je me stabilise.
    Je fais la paix.

Visée évolutive :
    Je suis de toute éternité.
    Je suis le calme absolu.
    Je ne vis qu'ici.

La vésicule biliaire

C'est notre capacité à intégrer calmement les événements et à les trier de manière appropriée. La vésicule biliaire nous permet de dissoudre des événements que nous aurions intégrés (avalés) et qui finalement se révèleraient non positifs. Le blocage de la vésicule biliaire est lié à une contrariété, au désir d'attaquer avec du fiel, mais aussi à des angoisses émotionnelles (se faire de la bile).

Visée positive :
    Je n'intègre que ce qui est bon pour moi.
    Je rejette le mauvais.
    Je me calme. Je m'apaise.
    Je pose les armes.

Visée évolutive :
    Je sais ce qui fait sens et ce qui ne fait pas sens.
    Je dissous l'inutile.

L'estomac

Il est lié à la capacité d'absorber les événements et de les intégrer. Évidemment, les événements contrariants peuvent « rester sur ou en travers de l'estomac ». C'est aussi s'intégrer soi-même, selon que l'on s'accepte, ou pas.

Visée positive :
　J'intègre.
　Je rejette ce qui n'est pas intégrable.
　J'accepte.
　Je ne prends que ce qui est bon pour moi.

Visée évolutive :
　Je sais faire le tri des éléments qui m'entourent.
　Je connais les éléments.
　Je sais assembler les éléments pour me construire.

Les intestins

Ils permettent l'intégration finale positive des émotions liées aux événements rencontrés dans la vie. Ce qui ne sert pas et ne fait pas sens est rejeté. Ils permettent aussi le bon rythme d'intégration. Quand ils vont mal au niveau énergétique, nous pouvons y retrouver la contrariété, des trahisons, des événements intolérables, des mémoires intra-utérines…

Visée positive :
　Je fais le tri.
　Je lâche prise.
　Je ne garde que le bon.
　Je laisse s'écouler le négatif.

Visée évolutive :
　Je ne garde que la conscience.
　J'intègre mon Soi et le Divin.

Les reins

Ils sont liés à la capacité de mise en mouvement de l'action et à ce sur quoi nous nous appuyons à l'intérieur de nous pour agir. Quand il y a un problème énergétique, il peut s'agir d'une fatigue, d'un découragement, d'une action contrariée, d'un déficit de confiance dans notre puissance à agir.

Visée positive :
    J'ai confiance en moi.
    Je suis ma propre source de puissance.
    J'agis à mon rythme.
    Je vis ce qui m'anime.

Visée évolutive :
    Je choisis l'action juste.
    J'agis dans l'espace et le temps juste.
    Je connais les principes de construction et de destruction.

La vessie

Son bon fonctionnement est lié à notre capacité à ressentir la sécurité intérieure, à notre capacité à être hermétique aux agressions extérieures, à évacuer ce qui n'est pas bon pour nous au niveau émotionnel. Des peurs de destruction, de contamination, de rejet et de manque d'argent (de liquide) peuvent y être retrouvées.

Visée positive :
    Je suis capable de me protéger.
    Je suis en sécurité.
    Je suis ma propre sécurité.
    Je ne prends que le bon.
    Je suis pur.

Visée évolutive :
    Je suis indestructible.
    Aucun élément ne peut m'atteindre.

Le foie

Le foie, la foi, la confiance dans sa puissance d'action, voilà les signes d'un foie qui fonctionne bien au niveau conscience et énergie. Un foie qui fonctionne mal sera potentiellement pris par le manque de confiance, de volonté ou bien par la colère.

Visée positive :
    J'ai confiance en moi, en l'autre, en Dieu.
    Je suis puissant.

Visée évolutive :
    Je peux changer les choses par ma « volonté ».
    J'ai la foi.

Le cœur

C'est la capacité à ressentir ce qui fait sens à l'intérieur de nous. Le besoin d'être dans un amour juste pour nous. Il peut souffrir de la peur de mourir (arrêt cardiaque), de déception amoureuse ou relationnelle.

Visée positive :
    J'ai confiance dans ma vie.
    J'ai confiance dans ce qui m'anime.
    J'abandonne la peur.
    Je suis vivant.
    Je suis aimé.
    Je m'aime.
    J'aime.

Visée évolutive :
    Je fais confiance au Divin.
    J'agis pour la juste cause.
    Je suis de toute éternité.
    Je n'ai ni début ni fin.

Comprendre les différents niveaux des fonctions émettrices et réceptives humaines

Fonction Père spirituel

Lois de l'univers, ordre karmique.
Connaissance des structures et des forces qui maintiennent la cohésion des formes.
Capacité à créer, l'impulsion créatrice.
Détruire et construire les formes vivantes ou non vivantes.

Projection négative :

Dominateur.
Persécuteur.

Fonction Mère spirituelle

Acceptation de la forme, même imparfaite.
Grâce et pardon.
Amour rayonnant, quelle que soit la situation.
Amour inconditionnel.
Nourrir.

Projection négative :

Attente béate que tout s'arrange sans agir et sans reprendre sa part.
Attachement aux tâches spirituelles subalternes.

Fonction Père

Donner des cadres et des structures. Sens d'identité personnelle.
Veiller au respect des lois.
Transmettre à l'autre la confiance dans sa puissance.

Négative :

Persécuteur. Dominateur. Critique négatif sur la capacité à faire et/ou à être.
Violence psychique et/ou physique.

Fonction Mère

Pardon et amour de l'autre dans son imperfection.
Apaiser et accueillir l'émotion dans son expression.
Tendresse.
Capacité à ressentir son propre besoin et désir.
Nourriture biologique.

Négative :

Trop envahissante, mauvaise nourriture, acceptation de tous les comportements.

Fonction Homme au niveau social

Intelligence.
Émetteur.
Décideur.
Puissance physique (muscles).
Bravoure.
Intrépidité.
Sexualité.
Être un père biologique.
Générateur d'argent.

Négative :

Mâle dominant.
Supériorité intellectuelle théorique.
Prise des pouvoirs principaux.

Fonction Femme au niveau social

Beauté.
Sensualité.
Écoute/disponibilité/compréhension.
Organisation du quotidien.
Sexualité.
Être une mère biologique.

Fonction négative :

Soumission à l'autorité de l'homme.
Attachement aux tâches subalternes. Passivité.
Empathie incontrôlée.
Ne pas assumer son propre désir.

Masculin

Force.
Endurance.
Direct.

Fonction négative :
Domination par la force. Résistance au changement.

Féminin

Sensualité.
Réceptivité.
Empathie.
Douceur.
Souplesse.

Fonction négative :
Soumission à la force.

Yang

Principe émetteur.

Yin

Principe récepteur.

LES TECHNIQUES DE MAGNÉTISATION UTILISÉES PENDANT LA CONSULTATION

Les couleurs

Les couleurs, comme les sons, sont des fréquences. Elles sont utilisées en Magnétisme Humaniste. Elles sont canalisées et émises par la respiration et la visualisation, le plus simple étant d'inspirer une couleur et de l'expirer dans le corps du consultant, comme si on le remplissait avec de l'eau lumineuse. Voici la description et les effets, sur les êtres humains, des couleurs utilisées en Magnétisme Humaniste.

Le rouge

Il est efficace pour recharger le corps éthérique. Cette couleur a la puissance nécessaire pour relancer la force de vie chez l'individu. Elle est d'une nature terre et feu. Elle sera donc très efficace pour pousser sur les bouchons d'énergies stagnantes dans le 2e et le 3e corps. C'est une couleur de prédilection pour la remise en ordre de l'ego. Elle est aussi liée à l'enracinement, à l'envie de vivre, de s'incarner, d'être dans l'ici et maintenant.

L'orange

Couleur invitant à la contemplation de l'environnement et dans l'instant. Elle est douce, elle réchauffe et invite au contentement.

Le jaune

Invitant à la pensée et à l'action, le jaune est une couleur dynamique pour le mental. Elle permet de réfléchir de manière précise et de se structurer.

Le vert émeraude

Il renforce la vitalité du 2e corps, il donne une puissance tellurique en apaisant les organes agités. Il joue sur la qualité vibratoire du sang, en lui donnant la fluidité dans la transmission d'informations stables.

Le bleu ciel

Il permet d'avoir une pensée supérieure claire, d'être dans une créativité originale, de se « brancher » sur le ciel, de se tourner vers le haut et de ressentir le début des plans supérieurs.

Le bleu indigo

Cette couleur facilite la concentration de l'esprit et la focalisation de l'intention sur un point précis, invitant les capacités psychiques latentes de l'être humain à se manifester.

Le violet

Couleur de direction, elle nous permet de ressentir notre juste chemin d'incarnation et donne l'envie de le suivre. Elle nous procure efficacité et précision dans nos actes.

Le blanc

Couleur cosmique, elle apaise et régénère les corps supérieurs quand ils sont soumis à des tensions trop importantes. Le blanc invite à faire le vide.

Le rose

Il invite à la douceur et à la tendresse, à la compassion pour l'autre et pour soi.

L'or

Couleur divine dans sa version cosmique. Quand elle est canalisée dans les plans supérieurs, elle permet de reboucher les fuites, les trous et les déchirures dans l'aura et dans les structures d'acheminement de l'énergie. Canalisé depuis les plans les plus élevés, l'or donne accès au chemin de vie et d'action de notre propre individualité Divine.

Le feu violet

Il s'agit de capter de la lumière violette par notre 8e chakra en l'inspirant dans les plans supérieurs, puis de la faire sortir de nos mains sous forme de feu violet. Nous devons sentir que cette énergie est associée à la vibration du feu (chaleur, dynamisme, purification).

Cette technique doit être associée à la respiration avec le raclement nasal par l'ethmoïde. Une fois maîtrisée, elle permet de nettoyer et de purifier les zones peu polluées de l'aura du consultant ou de nettoyer des objets qui présentent un peu d'énergie stagnante. À noter que le feu violet dont je parle n'a rien de commun avec d'autres techniques qui prennent en compte le feu et le violet.

Les fuites énergétiques

Ce sont des fissures dans des corps énergétiques, principalement le corps éthérique. Elles entraînent des pertes d'énergies. Elles peuvent être liées au vieillissement, à l'effort physique, à l'ostéoporose et à des opérations chirurgicales... Elles sont généralement situées au niveau des articulations et des cicatrices. On les repère par la sensation de courant d'air ressentie en passant la main au-dessus. Elles mesurent 3 mm de diamètre.

La colonne vertébrale

Elle est l'un des vecteurs essentiels d'échange d'énergie dans notre organisme énergétique à travers les méridiens, la moelle, son canal central et deux canaux énergétiques latéraux. La colonne vertébrale est une batterie de fond et de réserve de notre énergie vitale. Son équilibre vibratoire est donc essentiel chez le praticien comme chez le consultant. La colonne vertébrale est composée du coccyx, du sacrum, des vertèbres lombaires, dorsales et cervicales. Le coccyx représente notre prise de terre, notre sentiment de sécurité ou de non-sécurité dans le corps et dans la matière. Le sacrum est lié au « feu » de la vie, à l'envie de vivre, au droit de vivre et de ressentir.

Les lombaires sont liées aux différents organes digestifs, aux poumons et au cœur. Elles participent à l'alimentation vibratoire de ces organes. Les cervicales, tout comme les chakras, sont liées à notre engagement dans la vie et à notre reliance au « ciel ». En bref, sommes-nous alignés avec nos choix, qu'ils soient positifs ou négatifs ?

Au niveau technique, la colonne peut être dégagée par des passes magnétiques effectuées de bas en haut. La passe commence au coccyx et s'achève 40 cm au-dessus de la tête du consultant pour sortir de son champ d'énergie. Ces passes magnétiques peuvent être précédées par la projection de sons intuitifs produits par la voix, ou par des bols chantants ou des tingshas. Si l'on veut équilibrer plus spécifiquement le coccyx et le sacrum, on travaillera juste sur ces zones en les dégageant de haut en bas.

Le son

Le son est un moyen très puissant pour décristalliser des énergies bloquées. Les différents types d'énergies « mortes » ou « stagnantes » présentent plusieurs niveaux de densité. Le niveau le plus dense, dit de « cristallisation », est le plus difficile à retirer des corps énergétiques. Le son permet de le fluidifier et de le rendre plus malléable en vue d'une extraction.

Il y a deux techniques successives à maîtriser pour que le son magnétique soit efficace. La première consiste à prendre l'énergie dans les plans supérieurs avant de produire le son. Pour ce faire, le praticien devra monter sa conscience dans les plans supérieurs et inspirer l'énergie de ces plans (sans visualisation particulière), puis émettre cette énergie en l'unissant au son. La deuxième technique consiste à orienter le son avec sa conscience et à le diriger dans la zone où il est nécessaire de l'émettre. Il faudra telluriser l'énergie du son pour qu'il se condense, surtout dans les zones où les énergies stagnantes sont les plus cristallisées.

Les sons sont donc orientables et modifiables vibratoirement. Cependant, même si nous n'y mettons pas d'intention, les sons ont une résonance et un effet naturel sur notre aura et nos chakras.

Voici un aperçu de ces effets :

A	Il agit sur les poumons, défragmente les énergies. Il est de nature tellurique.
O	Expansion de l'aura et de l'énergie des poumons en cosmique.
U	Travail sur l'alignement de la colonne vertébrale par condensation cosmo-tellurique.
EN	Défragmentation et expansion avant et arrière de l'aura.
ON	Enracinement, condensation tellurique.
OU	Défragmentation cosmo-tellurique.
I	Élévation, défragmentation cosmique, couleur or par rayonnement fin, aigu.
E	Ouverture et expression du chakra de la gorge.
É	Ouverture et recharge du chakra de la gorge.
È	Dynamisation et accélération de la rotation du chakra de la gorge.

Des alternances sont également possibles, comme passer du son VI au son I dans une même émission vocale. L'effet obtenu consistera en une condensation d'énergie dans la colonne vertébrale avec le son VI, puis un effet d'expansion avec le son I. Cette technique fonctionne aussi avec VA et A, VO et O, VOU et OU, VU et U.

Si elle a pu être puissante à une certaine époque, l'utilisation des mantras traditionnels est, selon moi, à déconseiller actuellement, leur connexion avec les plans supérieurs, donc leur puissance vibratoire, ayant été annulée. Ces mantras peuvent même produire l'inverse de l'effet recherché. Tout évolue et, si leurs utilisations spirituelles ou thérapeutiques ont pu avoir leur importance, nos tests montrent que ce n'est plus le cas aujourd'hui.

Bol aux sept métaux et tingshas

L'utilisation d'instruments de musique est également possible. Personnellement, j'utilise des bols chantants dits « aux sept métaux » ou des tingshas (cymbales métalliques), l'idéal étant d'avoir les deux. Les tingshas (sans symboles gravés) émettent un son aigu qui permet d'être précis sur des zones bloquées de faible superficie. Pour une action globale de décristallisation et de fluidification des énergies, l'utilisation du bol chantant sera préférable, principalement en début de séance.

Pour rendre ces instruments efficaces, il faudra les faire monter dans les plans par des préparations vibratoires ou l'activation d'ondes de forme sacrées. Pendant leur utilisation, que ce soit en séance ou en géobiologie, il faudra diriger le son avec son intention sur la zone visée. Le maillet qui sert à frapper le bol devra être recouvert de tissu. Parfois, il faut frapper le bol par petits à-coups avec le maillet pour créer un rythme de percussions décristallisantes : cette méthode permet une plus grande défragmentation des énergies stagnantes, comme le ferait un marteau-piqueur. À noter qu'il existe d'autres instruments de musique pouvant être efficaces en magnétisme. J'utilise également des verres et des bols informés au 10e plan pour des actions de décristallisation des énergies stagnantes.

Les mémoires liées aux vies antérieures

Ces mémoires sont souvent liées à des chocs traumatiques, que la personnalité de l'époque n'a pas pu intégrer. C'est pourquoi nous découvrons de nombreuses mémoires de morts violentes liées à la guerre ou à des accidents. Le consultant qui revit ces mémoires peut voir des images, entendre les voix des personnes qui étaient autour de lui. Dans de rares cas, il peut arriver qu'il s'exprime lui-même dans la langue de l'époque (à ne pas confondre avec un cas de possession). Les images qui reviennent peuvent se manifester sous forme symbolique, ce qui permet au non-conscient de ne pas trop perturber le conscient. Les mouvements, les sons émis par le consultant peuvent être assez spectaculaires, même si dans la majorité des cas tout se déroule sereinement. Il est donc important que le thérapeute reste vigilant à l'égard des mouvements physiques du consultant. Il doit toujours maintenir sa magnétisation et, en fonction des besoins, utiliser différents types de fréquences. Les libérations sont souvent rapides.

Il faut faire comprendre au consultant qu'il s'agit « juste » d'une mémoire, qu'il peut la « souffler » en dehors de lui, « la laisser partir »…

Le magnétiseur devra probablement retirer une forme de l'aura du consultant, car de nombreuses mémoires traumatiques de vies antérieures sont liées à des morts violentes : l'arme ou l'objet utilisés se manifestent dans le 4e corps. Il peut s'agir de flèches, de couteaux, de balles, de chaînes (étranglement ou mémoires d'esclaves), d'eau ou de charbon dans les poumons (noyade ou incendie).

Le thérapeute devra retirer ces mémoires/objets avec l'accord du consultant et lui faire suivre l'avancement du dégagement. Après avoir dégagé le bloc mémoire, il utilisera des énergies or, blanches, puis rouges, en gamme de fréquences, pour restructurer le champ. S'il reste des imperfections, il utilisera du feu violet pour purifier la zone, sauf si ce sont des mémoires de brûlure.

Je rappelle que l'ego n'a pas de vie antérieure, ces informations appartiennent au plan de l'âme. La personnalité du Moi (ego) se créant principalement après la naissance, aucun Moi (quatre premiers corps) ne peut être responsable d'actes commis par un Moi du passé. Il en est tout autrement en ce qui concerne le niveau de l'âme. Le karma de l'âme ainsi que les héritages (jugés positifs ou négatifs) sont l'apanage de ce plan de conscience. Si nous devenons plus conscients de ce plan, au niveau de nos souvenirs, si nous commençons à comprendre la trame qui jalonne nos existences, si nous nous désidentifions de notre ego alors, et alors seulement, le « je » devient celui de l'âme. L'être prend alors conscience d'un plan plus vaste, des responsabilités qui lui reviennent de son passé, et des qualités qu'il hérite de ses expériences antérieures.

À noter qu'il est possible, sous certaines conditions, d'avoir accès aux informations de ce que vit une âme entre deux incarnations. Cette recherche ne doit cependant pas être motivée par la curiosité et demande de bien ramener le consultant dans l'ici et maintenant.

Il existe différents types de traumas ou d'équations laissés par l'expérience de nos anciens ego :

<u>Les mémoires de chocs traumatiques liés à des objets</u>

Elles sont souvent liées à des morts violentes provoquées par des armes ou divers objets. Le souvenir de cette arme ou de cet objet est généralement enregistré dans le 6e corps énergétique et, quand il se manifeste à nouveau de manière plus consciente, il apparaît dans le 4e corps. Sous forme énergétique, nous pouvons alors observer des couteaux, des lances, des épées, des massues, des balles... Il existe des variantes, notamment dans le cas des morts accidentelles : on peut observer, par exemple, une ambiance de fumée et de charbon dans les poumons de personnes décédées dans un incendie ; ou un morceau de poutre dans le cas d'un effondrement d'habitation.

Dans le cas de morts par maladie, on peut observer, par exemple, des pansements placés sur des plaies ouvertes ou purulentes. Il arrive parfois de découvrir des jambes de bois, des souvenirs de membres coupés, des attelles en bois ou en métal qui permettaient de soutenir des jambes affaiblies.

La liste de ces mémoires est longue : personnellement, j'en découvre sans cesse de nouvelles alors que j'en ai déjà vu plus d'un millier.

Les mémoires liées à la religion et à la culpabilité

En ce qui concerne les mémoires religieuses, nous allons découvrir dans l'aura du consultant des coiffes de nonne, des soutanes, des ceintures de moine, des vêtements d'inquisiteur, des collerettes de juge…, l'ambiance austère de la vie monacale, la frustration de ne pas avoir eu de sexualité ou d'enfant, le questionnement sur la nature du Divin, les souvenirs de persécution ou de massacre.

Dans le cas des mémoires chamaniques, en plus des peaux de bêtes utilisées par les chamans ou des masques de sorcier, on observe souvent un sentiment de solitude, d'être mis à l'écart du groupe : la soumission à l'esprit-groupe de l'animal peut encore renforcer ce sentiment d'être séparé des plans supérieurs.

Ceux qui ont commis, au nom de « Dieu », des atrocités dans le cadre de persécutions en portent souvent la culpabilité ou manifestent une rigidité face à l'horreur ou à l'incohérence de leurs actions passées. Le pardon à soi-même, et le pardon de ceux qui ont pu être blessés, est la solution la plus juste à ce genre d'équation. Le consultant peut également éprouver le besoin de demander pardon au Divin.

Les mémoires liées à de la nostalgie

Elles sont liées à un passé ou à des objets qui procurent un plaisir ou un attachement. Ainsi pouvons-nous trouver dans le 4ᵉ corps, comme pour les objets traumatiques, des bracelets de chaman, des bijoux de toutes sortes, des couronnes, de beaux vêtements, des galons militaires, des bottes de cavalier, des montres, des bourses, des portes-messages… Ces mémoires n'ont plus leur place dans l'ici et maintenant. Le consultant sera amené à prendre conscience que la part de lui qui est en nostalgie de ces objets occupe une place qui limite son investissement dans sa vie présente : à chaque fois que je regarde derrière moi, je ne regarde pas devant moi. Au niveau technique, les méthodes d'extraction sont similaires aux précédentes, sachant qu'il y aura moins de perturbations dans l'aura du consultant puisque ces objets n'ont pas entraîné, à l'époque, de chocs physiques.

Les souvenirs traumatiques

Ils sont comparables aux souvenirs de morts violentes provoquées par un objet, mais sans objet. Il peut s'agir, par exemple, de femmes mortes en couches, de personnes enterrées vivantes ou ayant été témoins de la destruction de leur village, voire du massacre de leurs proches. Ces morts ont traumatisé la conscience de l'ego de ce temps-là. Nous pourrons alors leur faire ressentir que ces personnes mortes ne sont, en réalité, pas mortes, que leurs âmes ont survécu et qu'elles sont probablement réincarnées. Dans le cas de personnes enterrées vivantes, le travail de rééquilibrage passera par des visualisations au cours desquelles nous inviterons nos consultants à sortir de terre. Puis, nous les ramènerons dans l'ici et maintenant, là où cette histoire s'achève, là où ils sont en sécurité.

Utilisation du magnétisme élémentaire

Les quatre éléments du monde physique (terre, eau, air, feu) ont leurs contreparties psychiques et énergétiques. Leurs différentes symboliques peuvent donc se traduire sur des plans physiques, psychologiques et énergétiques.

Nous allons les aborder ici dans leur aspect psycho-énergétique. Les quatre éléments et leurs effets :

	Aspect positif	Aspect négatif	En surcharge	En sous-charge
FEU	Dynamisme, joie, chaud, purification. La capacité à poser ses limites.	Colère, destruction, tempérament acide.	Surchauffe, énervement (+air).	Manque de vitalité, de yang. Incapacité à s'affirmer.
EAU	Émotions, sensibilité, captations diverses.	Hypersensibilité, émotivité, tendance à la dépression.	Empathie non contrôlée. Tristesse et chagrin sans raison. Déprime.	Insensibilité, pas d'écoute de l'autre ni de soi.
AIR	Échange d'informations, mental vif. Légèreté dans l'action, capacité à jauger globalement et rapidement une situation.	Mentalisation excessive, parle tout le temps. N'assure pas la continuité des projets.	Déracinement, tendance à la décorporation.	Manque d'agilité mentale, peu de rapidité dans le dialogue. Manque de souplesse d'esprit.
TERRE	Structure, présence de l'instant, enracinement. Densité du corps. Résistance à l'effort physique.	Rigidité, lenteur au changement, paresse.	Lourdeur du corps, sensation d'étouffement.	Déracinement, incapacité à être dans l'instant présent.

Au niveau de la pratique, il est possible de mesurer si un élément est en surcharge ou en sous-charge dans un organe ou un chakra. Le praticien peut alors soit retirer la surcharge, soit ajouter la vibration de l'élément par visualisation.

Les reliances énergétiques

Ce sont des fils d'énergie qui relient les personnes entre elles. Il y a des reliances qui sont justes et d'autres qui ne le sont pas. Par exemple, il peut être juste d'avoir une reliance de cœur à cœur avec une personne que l'on aime, alors qu'une reliance due à la colère éprouvée envers cette même personne se révèlera injuste.

L'action du magnétiseur ou de la magnétiseuse humaniste se concentrera sur les fils de reliance qu'il est juste de traiter dans l'ici et maintenant. En règle générale, nous ne traitons pas plus de deux reliances au cours d'une séance, généralement en lien avec la problématique qui a amené le consultant.

Après les avoir localisées à l'aide de sa clairvoyance ou du pendule, le thérapeute utilisera ses perceptions pour sentir si le consultant est émetteur ou récepteur de la reliance ou s'il s'agit des deux en même temps. Le thérapeute devra sentir à quelle histoire est liée cette reliance inappropriée afin de permettre au patient de faire du sens et de se libérer en conscience. Il l'amènera à effectuer une visualisation ou à répéter les phrases à visée positive qui seront nécessaires avant de retirer le fil ou de le replacer dans une zone plus appropriée.

Voici les zones d'équilibrage principales des fils énergétiques :

- Le troisième œil et le tour du crâne : fils énergétiques avec des âmes avec lesquelles nous avons des affinités qui méritent d'être coupés. Par ex. : connexions avec des groupes occultes empêchant l'universalité spirituelle.

- La mâchoire : on y trouve fréquemment des fils énergétiques liés à l'envie de mordre quelqu'un ou en lien avec ce qui nous reste en travers de la gorge (au niveau des ganglions), d'où l'expression familière « avoir les boules ».

- Les poumons : les reliances aux poumons peuvent correspondre au besoin d'être reconnu dans sa place. Par exemple, le sentiment d'être ou ne pas être dans le cœur des autres pour le poumon gauche, ou le sentiment d'avoir, ou de ne pas avoir, notre place dans la société pour le poumon droit.

- Le chakra du cœur : on y trouve les fils énergétiques qui nous relient aux gens que nous aimons et avec qui nous sommes en difficulté dans l'expression de cet amour. Parfois, le besoin de pardonner ou de faire le deuil d'une ancienne relation passe par le rééquilibrage de ces reliances.

- Les seins : le téton gauche est principalement relié au fait de nourrir l'enfant (par ex. culpabilité de la mère liée au manque d'allaitement), mais peut également être relié au conjoint ! Le téton droit est généralement relié au père avec un besoin non rempli de reconnaissance de la transformation de l'adolescente en femme. Les attributs sexuels et la sensualité liés à la féminité n'ont pas été validés comme positifs.

- Le plexus solaire : il contient les fils des connexions socioculturelles. On y trouve aussi les fils reliant l'enfant aux parents dans leurs aspects d'éducateurs.

- L'estomac : il s'y trouve ce que l'on ne digère pas, les crasses qui ne passent pas. « Cela m'a estomaqué ».

- Le pancréas : reliances qui disent : « donne-moi de la douceur » et/ou « tu n'es pas doux avec moi ».

- Le foie et la vésicule biliaire : reliances avec des personnes contre qui nous entretenons de la colère ou de la contrariété, ou qui peuvent être aussi en lien avec des angoisses (vésicule biliaire). « Se faire de la bile ».

- La rate : on peut y trouver des fils liés à des angoisses et des ruminations (hospitalisation d'un proche, soucis au travail, enfant qui passe des examens…).

- Les intestins : les reliances au niveau des intestins sont souvent en rapport avec des personnes à l'égard desquelles nous éprouvons un fort ressentiment, parfois des sensations de trahison profondes.

- Les organes génitaux : on peut y trouver des fils liés aux abus sexuels (reliance avec l'abuseur), ainsi que des fils en rapport avec d'anciennes relations sexuelles (parfois sur le coccyx). Il existe des fils de reliance inappropriés au niveau des testicules et des ovaires. Le problème est souvent lié à un proche qui exerce une position dominante ou castratrice sur l'individu.

- Les genoux et les chevilles : ils peuvent contenir des peurs transgénérationnelles et des fils reliés à des ancêtres ou à des terrains familiaux. Dévalorisation (action/travail/matérialisation).

Les glandes dans leurs fonctions énergétiques

Comme pour les organes, les différentes glandes existent à travers les corps énergétiques.

En fonction de la glande et du corps en correspondance, elles sont liées à différents niveaux de conscience. Elles peuvent donc porter différentes problématiques psychiques et être décalées par rapport à l'endroit où elles devraient se situer. À noter qu'il existe aussi des canaux d'alimentation en énergie pour certaines glandes, ces canaux étant de forme géométrique tridimensionnelle dans le 4e corps.

Les techniques d'action sur ces glandes demandent une clairvoyance très précise, ainsi qu'une bonne capacité à décoder les causes de la ou des problématiques. Il va de soi qu'une visée positive ou évolutive sera nécessaire pour que l'action de restructuration se maintienne. Décrire plus précisément ces techniques dans un livre ne serait pas juste, car il s'agit d'une action de conscience qui ne doit pas souffrir d'imprécisions.

Voici la description d'une partie des différentes glandes, à travers les corps énergétiques :

La glande pinéale

Aussi appelée épiphyse, la glande pinéale est située au milieu du cerveau. Cette petite glande agit comme un régulateur du rythme biologique (sommeil, appétit, humeur). Reliée au nerf optique, la glande pinéale est sensible à la lumière et, lorsque le jour tombe, elle sécrète de la mélatonine, l'hormone qui déclenchera l'endormissement.

Dans les corps énergétiques :

1er corps	Choix de la vie, être vivant biologiquement (division cellulaire) en opposition à l'absence de vie.
2e corps	Forme émotionnelle et pensante. Vision à long terme. Vie du Moi. Envie d'un ego.
3e corps	Structuration de l'idée du Divin : Qu'est-ce que DIEU ? A-t-il une forme parentale ? Quelle est-elle ?
4e corps	Observation de sa place dans l'environnement.
5e corps	Conscience de sa nature.
6e corps	Volonté de devenir, de se construire. Capacité à maintenir sa conscience dans le vide.
7e corps	Perception de la véritable nature du temps et de l'espace.
8e corps	Sentiment d'appartenance à un tout (patrie extra-terrestre ou univers).
9e corps	« Je suis Dieu et je suis en Dieu ».
10e corps	Totalité de l'être et de l'agir.

L'hypophyse

L'hypophyse est « la tour de contrôle » des autres glandes appartenant au cerveau hormonal. Les hormones sécrétées par l'hypothalamus sont transportées jusque dans l'hypophyse pour être ensuite libérées dans le cerveau grâce à la circulation sanguine.

Dans les corps énergétiques :

1er corps	Dynamique de vie, « l'impulsion printanière », l'envie, la motivation. Désir d'existence.
2e corps	C'est la vision qui me donne envie de vivre à travers un passage à l'acte. Raison de vivre en opposition à l'« à quoi bon ».
3e corps	Besoin d'appartenance à un groupe aimant, à un environnement bienveillant.
4e corps	Contentement d'appartenance à une espèce (humaine sur Terre). C'est l'acceptation de faire partie de ce groupe.
5e corps	Connexion avec l'espèce humaine spirituelle terrestre.
6e corps	Présence et perception de son Soi sur Terre. Incarnation, manifestation du Soi. État de témoin. L'avenir de l'être humain.
7e corps	Capacité d'autorégénération des corps. Structuration de la forme. Mise en forme de notre enveloppe spirituelle (image résiduelle).
8e corps	Ressenti de notre filiation avec notre étoile d'origine, ou avec Dieu, ou avec le cosmos.
9e corps	Capacité à l'immortalité. Forme impermanente et permanente. Être et non-être de la forme.
10e corps	Matrice Divine. Absence de conscience et de pensées, car on est fondu en Dieu.

La thyroïde

La thyroïde régule plusieurs systèmes hormonaux. Elle mesure environ 6 cm de hauteur et 8 cm de longueur. La thyroïde active les processus de combustion des glucides, protides, lipides au niveau de la cellule et favorise le fonctionnement des cellules du système nerveux. Elle joue un rôle dans la régulation thermique, la croissance, la pousse des poils et des ongles, elle agit sur le cartilage, les dents, les os.

Dans les corps énergétiques :

1er corps	Capacité à déglutir, à engloutir et à avaler.
2e corps	Capacité à ressentir ses émotions ; préparation de la mise en mots en vue de l'expression.
3e corps	Capacité à énoncer clairement. C'est la mise en forme mentale de l'expression de l'émotion.
4e corps	Capacité à absorber des informations sonores ou vibratoires (ondes et ultra-sons).
5e corps	Capacité à entendre au-delà des apparences. C'est entendre tout ce qui est dit sans être dit : télépathie, Langue des Oiseaux, vibration du son.
6e corps	Capacité à énoncer sa juste voie avec la voix de son Soi : l'expression du Soi. C'est expliquer clairement qui je suis, ce que je fais et où je vais.
7e corps	Capacité à entendre la voix Divine, l'information qui donne la Voie.
8e corps	Capacité à écouter le cosmos ou ce qui se passe dans l'espace intersidéral (étoiles, planètes, galaxies).
9e corps	Capacité à être dans le Son Divin, dans la Vibration Divine. Le son de son Soi, sa note primordiale.
10e corps	Capacité à entendre l'absence de son, à ressentir le vide plein.

Le thymus

Il sert de lieu de maturation aux lymphocytes T et joue un rôle dans la protection contre l'auto-immunité.

<u>Dans les corps énergétiques :</u> le concept général est lié au sens de notre identité. Ce qui est moi, ce qui ne l'est pas et le contentement d'être soi.

1er corps	Envie de vivre, survie corporelle, désir d'existence au niveau cellulaire.
2e corps	Reconnaissance de soi et de l'autre par valeur et différenciation (OK-non OK).
3e corps	Capacité à discerner ce qui est moi et ce qui n'est pas moi dans l'environnement.
4e corps	Reconnaissance de sa place dans le groupe tout en étant dans son unité (perception du groupe humain protecteur comme un système immunitaire).
5e corps	Sentir son appartenance à la sphère terrestre.
6e corps	Sentir son appartenance au système solaire.
7e corps	Sentir son appartenance à la matrice spirituelle du système solaire (plans astraux positifs).
8e corps	Sentir son immortalité par rapport à l'univers (ni temps ni espace), (nous sentons que les choses s'arrêtent alors qu'en fait, elles n'ont jamais commencé).
9e corps	Valeur et état de conscience de son Soi.
10e corps	Ouverture sur la possibilité d'être un Dieu Cosmique (en relation avec le 10e chakra).

Les glandes sébacées

Les glandes sébacées se trouvent juste sous la peau, sur l'ensemble de l'organisme à l'exception des plantes des pieds et des paumes. Elles sont en lien avec les follicules pileux qui sécrètent une substance huileuse appelée sébum. Il lubrifie et protège la peau contre les agressions extérieures tout en lui permettant de garder une certaine élasticité.

Dans les corps énergétiques :

1er corps	Évacuation du sébum.
2e corps	Ressenti de la peau, ressenti de l'élément air sur la peau.
3e corps	Désir d'être reconnu, identifié par rapport à sa forme.
4e corps	Envie d'être dans des formes qui conviennent aux référents (parents, société).
5e corps	Désir d'être dans une forme spirituelle (enfant de Dieu).
6e corps	Besoin de régénérer ou remodeler sa forme spirituelle. Morphopsychologie de l'âme.
7e corps	Besoin de reconnaissance et d'acceptation d'une autorité spirituelle supérieure (adulte spirituel).
8e corps	Désir d'incarner une forme Divine.
9e corps	Similitude de la forme et de la non-forme au niveau du Divin.
10e corps	Besoin d'appartenance à un groupe spirituel éveillé.

Les glandes surrénales

Les glandes surrénales coiffent chacune un rein ; elles ont la forme d'une pyramide aplatie, de 3 à 5 cm de hauteur pour 2 à 3 cm de largeur. Elles agissent sur la régulation de l'élimination et sur la production d'adrénaline.

Dans les corps énergétiques :

Ce qui nous pousse	Surrénale gauche Manifestation de l'action	Surrénale droite Capacité d'action
1er corps	Action de la marche au niveau physique.	Dynamique/Envie de se bouger.
2e corps	Réceptivité du mouvement. Spatialisation.	Envie de vivre et de bouger.
3e corps	Vigueur de l'action. Conscience du plaisir de l'action.	Conscience de la nécessité du déplacement et de l'action.
4e corps	Dynamique de participation au groupe.	Travail avec le groupe. Force tranquille.
5e corps	Engendrement d'actions spirituelles dans le monde.	Capacité à travailler pour « là-haut » dans le monde.
6e corps	Capacité à manifester les lois cosmiques dans l'incarnation.	Envie d'être dans une action juste.
7e corps	Conscience de ce qui anime l'action.	Ce qui anime l'être.
8e corps	Action juste dans le temps et dans l'espace.	Capacité de choisir le moyen et la zone d'action dans le cosmos.
9e corps	Action sans désir.	Action et inaction sont égales.
10e corps	Action de non-être.	Absence d'être et de non-être.

La prostate

La prostate a plus ou moins la taille et la forme d'une châtaigne. Entre autres fonctions, la prostate sécrète un liquide laiteux qui assure la mobilité des spermatozoïdes et la transformation de la testostérone. Les sécrétions de la prostate représentent 25 % du volume du sperme. Elles sont essentielles au bon fonctionnement des spermatozoïdes et donc à la fertilité de l'homme.

Dans les corps énergétiques :

1er corps	Dynamique de reproduction, envie d'accouplement.
2e corps	Force de vie physique, capacité à lutter pour sa survie.
3e corps	Maîtrise de sa sensualité et de sa capacité d'attraction/séduction.
4e corps	Capacité à prendre sa place, à jouer des coudes.
5e corps	Capacité à créer des êtres ou des concepts astraux.
6e corps	Capacité à donner la vie ou la mort de manière juste.
7e corps	Capacité à diviniser la matière.
8e corps	Capacité à incarner les lois divines avec son Yang.
9e corps	Destruction/construction des mondes.
10e corps	Destruction/construction des mondes.

Les ovaires

Situés dans la cavité pelvienne, les ovaires sont les deux organes reproducteurs de la femme. Ils produisent les hormones sexuelles : progestérone, œstrogènes et une petite quantité de testostérone.

Dans les corps énergétiques :

Ce qui fait avancer	Ovaire gauche Manifestation de la capacité	Ovaire droit Capacité à
1er corps	Action de la mise au monde.	Capacité à enfanter.
2e corps	Capacité à donner la vie.	Droit d'émettre la vie.
3e corps	Action d'expulser ou de conserver la vie.	Capacité à choisir de mettre au monde ou pas.
4e corps	Responsabilité de la femme enceinte au niveau social (faire perdurer l'espèce).	Place sociale de la femme enceinte.
5e corps	Action de la fonction mère, en général de manière juste.	Capacité à être dans la fonction mère, en général.
6e corps	Action de transmission juste.	Transmettre ou ne pas transmettre de manière juste (agent/nourriture/savoir/pouvoir).
7e corps	Action des qualités spirituelles féminines.	Capacité à manifester des archétypes féminins.
8e corps	Capacité à créer des espaces vides pour la créativité.	Capacité à créer l'impermanence.
9e corps	Action de suppression des espaces de créativité. « Menstruations » cosmiques.	Destruction des espaces de créativité.
10e corps	Capacité à mettre en ordre la création pour la concrétiser.	Capacité à engendrer des mondes.

Les testicules

Les testicules font partie de l'appareil reproducteur (en tant que gonades) et du système endocrinien (en tant que glandes endocrines). Ils ont pour fonction principale la production des spermatozoïdes et la sécrétion d'hormones (testostérone).

Dans les corps énergétiques :

Ce qui tire, ce qui fait avancer	Testicule gauche Action	Testicule droit Capacité à
1er corps	Action de vivre.	Désir de vivre.
2e corps	Amour de la vie dans le plaisir sensitif.	Joie de vivre. Éjaculation printanière.
3e corps	Se sentir père ou pas. Incarner la fonction père.	Devenir père ou pas.
4e corps	Action du père au niveau social.	Place sociale du père (Pater).
5e corps	Action de supprimer.	Capacité à détruire une progéniture ou une création qui n'est pas viable.
6e corps	Capacité à être un père biologique pour soi-même (globules, cellules...).	Capacité d'autorégénération corporelle. Multiplier les cellules de la vie.
7e corps	Amour de son incarnation.	Puissance sans désir.
8e corps	Action du Yang juste (spirituel) de manière tranquille.	Manifestation du Yang de l'âme.
9e corps	Maintenir ou ne pas maintenir les formes qui nous entourent.	Accepter de maintenir sa forme, accepter de ne pas la maintenir.
10e corps	Action de maintenir les mondes que l'on a créés.	Maintenir, ou pas, les mondes que l'on a créés.

Les glandes lacrymales

Dans les corps énergétiques :

1er corps	Évacuation de l'émotion associée à l'eau dans l'aspect physique.
2e corps	Écoulement et libération de l'émotion.
3e corps	Conception, représentation et croyances concernant le fait de pleurer.
4e corps	Deuil, séparation des lieux et des personnes.
5e corps	Capacité à avoir une vision douce et fluide de son chemin. Vision créatrice.
6e corps	Capacité à mettre de l'élément eau dans notre vision des choses, dans nos représentations spirituelles.
7e corps	Capacité à faire la transition d'un monde à l'autre : incarné/désincarné.
8e corps	Capacité à quitter le système solaire, de sa forme astrale à sa forme galactique.
9e corps	Capacité à passer de sa forme galactique à sa forme Divine (deuil).
10e corps	Capacité à renouveler notre vision de la forme de Dieu.

Le système nerveux

Le système nerveux est lié au champ électromagnétique humain, il existe au niveau physique et éthérique. Il est très sensible aux champs électromagnétiques produits par divers appareils (wi-fi, téléphones, téléviseurs, ordinateurs…).

Il révèle l'anxiété et le stress de la personne. Il y a souvent une correspondance entre la zone qui est touchée et l'organe situé en dessous.

Le sang

Le sang est informé dans et par les quatre premiers corps. Les problématiques du sang au niveau énergétique se situent à différents endroits du corps en fonction des causes psychiques. Généralement, elles sont en lien avec la filiation et la lignée de sang.

LE DÉCRYPTAGE DE LA PROBLÉMATIQUE

Trouver le besoin

Le consultant se présente avec un besoin ou un problème (physique, psychique ou spirituel).

Nous l'écouterons avec tous les sens que la création a mis à notre disposition pour sentir quelles sont la ou les causes réelles de la problématique et la véritable demande (ou le besoin).

Il existe différents niveaux de besoin, le premier étant de ne plus souffrir ou de supporter la douleur, qu'elle soit psychique ou physique.

Derrière cette problématique peut se trouver le besoin de se libérer de sa colère, de sa tristesse, de sa peur ou de sortir du déni, mais ces émotions cachent le besoin d'amour, de confiance, de liberté, de tendresse, de respect de soi-même, de créativité…

La visée positive

Si nous devions encore creuser, nous serions amenés – que se soit chez un homme ou chez une femme – au besoin d'être son propre père, sa propre mère.

La fonction père est liée à la capacité à se donner des permissions, à trouver son chemin et à le vivre, à être dans un ordre juste vis-à-vis de soi-même et du monde.

La fonction mère est liée à la capacité d'acceptation, d'accueil, de tendresse envers soi-même et envers les autres et à la capacité à bien se nourrir.

Ces qualités et ces fonctions sont ce que j'appelle la « visée positive ».

La visée évolutive

Il existe une visée encore plus profonde que la maîtrise des polarités du masculin et du féminin, de la fonction père et mère : c'est la « visée évolutive ».

Elle nous permet de développer les qualités de notre âme et surtout de faire grandir la conscience de notre Soi. Elle est le fruit de nos choix et de la guidance des forces Divines. Derrière la plupart des événements de notre quotidien se cache une visée évolutive qui cherche à se manifester, sa concrétisation se faisant à travers la prise de conscience supérieure de l'individu.

En faisant un raccourci important, je dirais que toute personne qui souffre dit en profondeur : « Je souffre de ne pas être moi, je souffre de ne pas être Dieu ».

Évidemment, cette constatation nécessite « parfois » du temps et plusieurs incarnations.

Le bénéfice négatif

Le thérapeute devra également prendre en compte les parts du consultant qui pourraient s'accommoder de la situation problématique et y prospérer en restant, par exemple, dans un état de plainte ou bien en éprouvant un sentiment de supériorité vis-à-vis de ceux dont il se plaint, le consultant pouvant ainsi ne pas se responsabiliser.

Aussi troublant que cela puisse paraître, il y a des parts de nous qui aiment souffrir pour revivre leurs scénarios dramatiques de départ, pour valider des schémas psychiques de protection et/ou pour confirmer des croyances sur soi et sur le monde.

Le mensonge et la légende

Certaines personnes réécrivent leur histoire et celle des autres. Elles le font souvent pour arranger une vérité qui ne leur convient pas. Parfois, la honte de ce qu'elles ont fait et de ce qu'elles croient être les insupporte. Alors elles réécrivent l'histoire, suppriment des passages ou oublient tout, ce qui leur permet d'éviter de penser qu'elles sont de mauvaises personnes, de mauvais parents, de mauvais amis… et de se remettre en question. Elles s'écrivent une légende composée de mensonges qui les aident à dormir la nuit, et en arrivent parfois à prendre cette légende pour une réalité. C'est une forme de déni avancée, à la différence que l'information est transformée plutôt que cachée.

Exploration des multiples facettes d'une problématique pour sa libération et une évolution positive

Partir d'une problématique et se poser les questions suivantes ou les poser au consultant si l'on intervient en tant que thérapeute :

- À quel pourcentage cette problématique appartient-elle à votre éducation, à votre mère ? À votre père ?
  À votre âme (premier chiffre qui vous vient à l'esprit) ? Quel est le pourcentage qui vous appartient ?

- À quel âge avez-vous commencé à croire cela ?

- Quelle structure psychique a été mise en place et nourrie par cette problématique ?

- Quel en est le bénéfice négatif pour le psychisme ? Pour l'âme ? Quelle qualité positive bloque-t-elle ?

- De quelle visée positive et/ou évolutive (nouvelles croyances, nouveau sens d'identité) avez-vous besoin pour guérir ou évoluer ?

- Quel bénéfice cette guérison apporte-t-elle à l'âme ?

Note : Pendant la durée de l'exercice de décryptage, vous observerez la localisation des blocages psychiques et énergétiques dans le corps. Pour ce faire, observez les mouvements des mains et/ou servez-vous de vos perceptions extrasensorielles.

CHAPITRE 2
LA GÉOBIOLOGIE

La géobiologie s'applique à comprendre et à mettre dans un ordre juste les énergies vibratoires environnementales. Elle est traditionnellement utilisée pour équilibrer l'ambiance des lieux d'habitation. Elle a aussi d'autres domaines d'application comme l'agriculture ou l'élevage, où elle peut apporter un plus en termes de production et de qualités vibratoires.

Une des applications qui va le plus nous intéresser, c'est l'équilibrage et l'amélioration de la qualité et de la quantité d'énergie disponibles dans les lieux de consultation (toutes pratiques confondues). Personnellement, j'utilise régulièrement des systèmes énergétiques informés pour stopper les pollutions ou élever le taux vibratoire d'un lieu. Ces systèmes que je conçois sont en verre et demandent parfois un entretien régulier s'ils concernent les pollutions électromagnétiques.

L'une des premières choses que fait le géobiologue, c'est mesurer la qualité et la quantité d'énergie moyennes du lieu sur lequel il opère. Puis il détecte les problématiques, ce qu'elles sont et où elles se situent. Pour cela, il utilise des planches de tests, un pendule et éventuellement d'autres moyens de détection des énergies.

Vous trouverez ci-après une liste non exhaustive des problématiques les plus couramment rencontrées et des solutions que l'on peut y apporter.

Cours d'eau ou passages d'eau

En passant sous une habitation, et particulièrement dans une zone de repos, ils peuvent affaiblir les habitants par un effet de drainage de l'énergie des organes. De plus, l'eau ayant la propriété de s'informer facilement des énergies, la problématique sera d'autant plus grande que l'eau aura traversé des zones polluées avant de passer sous la maison. L'énergie dégagée peut alors freiner la rotation de certains chakras et nuire à l'organisme.

Solutions : Déplacer le lit ou le canapé qui se trouvent sur le passage d'eau. Stopper, au moyen d'un système hautement vibratoire, la vibration polluante qui informe l'eau en amont de l'habitation.

Mémoires des murs

Ce sont des imprégnations vibratoires des murs liées aux émanations auriques des habitants. Ces émanations sont généralement émotionnelles et mentales (du 1er au 3e plan). Elles créent une ambiance qui correspond à ce qu'ont vécu les anciens occupants du lieu, ne favorisant pas l'implantation d'une nouvelle histoire, celle des nouveaux occupants. Bien que ces vibrations attirent la plupart du temps un type d'occupants en correspondance avec les vibrations des précédents.

Solutions : Utiliser un bol aux sept métaux et des sons produits vocalement. Cependant, les sons émis par le bol ou la voix devront être au minimum au 8e plan pour que leur effet dispersant soit efficace. Ils devront aussi être orientés. Les angles des murs étant les zones où les énergies stagnantes sont les plus importantes, il sera bienvenu d'insister un peu plus dans ces secteurs.

Le réseau Curry

Il s'agit de bandes d'énergie qui forment un quadrillage rectangulaire d'environ 4 m du nord-est au sud-ouest et d'environ 6 m du nord-ouest au sud-est. La largeur des bandes varie de 20 à 45 cm, leur profondeur moyenne est de 25 m et leur hauteur moyenne de 35 m. Il s'agit donc de véritables murs d'énergie qui recouvrent une bonne partie de la planète.

Le sens d'écoulement des énergies dans le réseau se fait comme suit : du nord-est au sud-ouest et du nord-ouest au sud-est, ce qui explique que les énergies stagnantes éthériques (celles qui appartiennent à l'énergie tellurique) s'évacuent vers le sud d'une pièce.

Attention ! Ce réseau est très souvent tordu ou condensé, ce qui modifie ses dimensions et ses effets énergétiques.

De plus, une de ses caractéristiques principales est de s'informer des vibrations des objets qu'il traverse. Si l'objet est négatif, le réseau devient négatif et cette négativité est multipliée au niveau des croisements des mailles du réseau (dans le cas d'un objet positif, la bonne vibration s'en trouve amplifiée). À noter que je ne parle pas du réseau Hartmann, car, pour moi, il n'existe plus.

Solutions : Déplacer le lit ou le canapé installé sur le passage du réseau pollué vibratoirement. Utiliser un ou plusieurs fils de cuivre posés perpendiculairement à la bande du réseau. Utiliser un système à hautes vibrations qui sera positionné sur la bande du réseau, en amont de la zone à protéger.

Les radiateurs

On surveillera surtout ceux qui sont au nord et à l'est d'une pièce. S'ils sont électriques et qu'ils sont traversés par un réseau Curry, ils peuvent véhiculer une pollution électromagnétique. Cette dernière peut être amplifiée par la wi-fi.

Dans le cas de radiateurs à eau, le risque est que l'eau se soit informée négativement entre la chaudière et les radiateurs, par exemple en passant chez les voisins avant d'arriver chez vous. Des pollutions électriques peuvent aussi se rajouter sur un radiateur à eau.

Solutions : S'il s'agit de radiateurs à eau et que cette eau porte une information putride, vous pouvez mettre en place un cristal de roche (élément feu) avec une spirale en cuivre de forme antihoraire. Si les radiateurs sont électriques, vous pouvez poser un ou plusieurs morceaux de fil de cuivre de 20 cm perpendiculairement au pied du radiateur.

Vous pouvez aussi utiliser un système énergétique pour faire monter la zone de pollution dans les plans, surtout lorsqu'il s'agit d'une pollution électrique. Un ou plusieurs fils de cuivre placés en diagonale peuvent dévier momentanément une partie de la pollution.

Les masses métalliques

Elles sont de formes variées : il peut s'agir d'une enclume, d'une statue, d'un gros radiateur, d'une voiture... Quand elles posent problème, c'est qu'elles sont placées sur un réseau, ou qu'elles renvoient une pollution électromagnétique (appareil électrique posé dessus ou wi-fi). En plus des champs électromagnétiques, elles tellurisent la zone où elles se trouvent, souvent de manière trop importante. Un lit à structure métallique est aussi une masse métallique. Donc, il convient d'éviter autour du lit, l'association de câbles électriques, de gros radioréveils, de portables allumés, de télévisions en veille ou autres ordinateurs. C'est l'une des causes principales de pollution dans une chambre à coucher.

Solutions : Acheter un lit en bois, éteindre tous les appareils électriques (mieux encore : les débrancher chaque soir). Quant aux autres masses métalliques, sont-elles utiles ? Si oui, déplacez-les au sud de la pièce, éloignées des pollutions électromagnétiques. Sinon, bon débarras...

Produits pétroliers ou chimiques

Les plus problématiques sont le fioul et le gaz quand les cuves sont placées dans l'habitation, généralement dans le garage ou au sous-sol. Elles provoquent l'émanation d'une énergie tellurique négative qui ralentit l'énergie des organes digestifs.

Autre situation problématique : les personnes qui stockent toutes sortes de mélanges d'essence pour faire fonctionner les tronçonneuses, les tondeuses... S'ils sont stockés dans le garage et qu'il y a une chambre à coucher au-dessus, ce n'est pas bon vibratoirement.

Sont également problématiques, à l'intérieur de votre lieu de vie, les peintures contenant des solvants chimiques, les menuiseries traitées trop fortement avec du formaldéhyde, les produits ménagers en tous genres.

Solutions : Mettez tout dehors ! Et si possible n'en achetez pas. Préférez des produits bio pour les détergents ménagers et les peintures, mais faites attention, car ce ne sont pas toujours les meilleurs. Renseignez-vous auprès des associations de consommateurs. Quant aux cuves de gaz ou de fioul, placez-les au sud des bâtiments ou, mieux encore, chauffez-vous avec des énergies renouvelables.

Air vicié

Si une pièce sent le renfermé ou si l'ambiance y est lourde énergétiquement, vous pouvez faire brûler des encens sur charbon, ou de la sauge, afin de purifier l'air, le mieux étant d'enfumer la pièce, puis d'ouvrir en grand les fenêtres. Pensez avant au détecteur de fumée !

Volumes bouchés

Il s'agit le plus souvent de cheminées dont le conduit est bouché à l'intérieur et à l'extérieur. Cela pose problème, car, outre l'air vicié, il y a une stagnation de l'énergie à l'intérieur du conduit. Sur le même principe, il y a également le cas de certains faux plafonds, d'anciennes niches murées, mais non comblées, d'anciens conduits de ventilation ou de chauffage. Mais la liste n'est pas exhaustive.

Solutions : Déboucher de temps à autre pour que l'air circule. Placer dans le conduit une bougie blanche élevée vibratoirement. Un mélange d'encens sur charbon pourrait aussi avoir son efficacité.

Ondes de forme

Toute forme oriente l'énergie d'une façon particulière et, la plupart du temps, cela ne pose pas problème. Heureusement, car tout est forme dans le monde de la matière ! Cependant, certaines formes vont générer des champs vibratoires perturbés et parfois instables. À vous de les trouver dans l'environnement sur lequel vous opérez un équilibrage énergétique. Je vous donne cependant quelques exemples : les boules disco multifacettes, certaines statues ou certains objets décoratifs.

Solutions : Enlever l'objet et le jeter, ou bien le déplacer dans une zone plus neutre de la pièce (à l'ouest ou au sud).

Objets négatifs

Ce sont des objets dont les vibrations sont négatives. Ils sont négatifs, car ils font baisser fortement la vibration des lieux et des personnes. Il peut s'agir, par exemple, de masques africains, de représentations religieuses (toutes religions confondues), de livres de magie noire et de la plupart des livres dits de channeling ou new-age.

En ce qui concerne les religions, je précise que ce ne sont évidemment pas les êtres comme le Bouddha ou le Christ qui sont négatifs, mais les représentations qui en sont faites, même si cela n'a pas toujours été le cas puisque, jusqu'en 2008, beaucoup de ces représentations fonctionnaient en reliance avec les plans supérieurs. Ceci n'étant plus le cas, je vous invite à être vigilant quant à l'utilisation de ces représentations.

Solutions : Jetez ces objets, ne les brûlez pas, et surtout ne les donnez pas ! Un conseil : ne vous attachez pas aux formes.

Vêtements chargés et objets hérités

Ce sont des vêtements chargés d'énergies stagnantes. De plus, ce sont souvent de vieux vêtements inutilisés, gardés par nostalgie, comme des vestes d'enfants qui sont aujourd'hui adultes. Il n'y a donc pas de sens conscient positif à leur présence. Il est alors intéressant de se poser la question : pourquoi gardons-nous tous ces vêtements ou objets alors que nous ne les utilisons pas et que nous ne les trouvons pas agréables ? La question est d'autant plus pertinente pour les vêtements ou objets hérités. Nous avons tendance à identifier ces vêtements ou objets comme étant une partie de la personne décédée. « Je ne peux pas jeter ce meuble, il appartenait à ma grand-mère ! » Voilà le genre de phrase que nous entendons quand nous effectuons l'équilibrage d'une maison. C'est se charger de l'histoire de l'autre, cet autre qui devrait être dans les plans de l'astral ou réincarné et qui n'a donc plus besoin de ses affaires. Je vous invite à faire le tour de vos greniers, lieux privilégiés pour empiler des histoires stagnantes du passé. Sans oublier que le grenier est au-dessus de nos têtes, entre nous et le ciel..., la symbolique ne vous échappera pas.

Solutions : Si les objets peuvent servir à des associations, donnez-les. Sinon revendez-les ou mettez tout à la déchetterie !

Présences de personnes décédées

Ce sont ce que certains appellent des spectres, des fantômes, des personnes non montées. Il s'agit d'humains qui, après leur mort physique, ne sont pas montés dans les plans (le fameux tunnel de lumière). Ils restent dans les maisons et parfois sur les terrains. Leur présence peut créer le sentiment d'être observé alors qu'il n'y a personne, ou bien des sensations de froid qui pénètrent directement jusqu'à l'os. Les plus agités peuvent produire des perturbations électriques récurrentes, des déplacements d'objets ou des bruits sourds. Bref, rien de très intéressant pour les locataires bien vivants d'une habitation.

Solutions : Augmenter la vibration de l'habitation et faire une prière dans le style de celle-ci : « si cela est juste, que leur âme puisse monter dans les plans... ». Pour les cas récalcitrants, il existe aussi d'autres techniques qui demandent plus de maîtrise et de compétences. En cas de doute sur le caractère belliqueux de ces présences, ne jouez pas aux apprentis sorciers !

Matériaux de construction

Éviter les isolants multicouches métalliques : ils bloquent les énergies qui viennent du cosmos. La vibration des matériaux industriels (polystyrène, polyuréthane, laine de verre...) est sans intérêt : à défaut d'être négatifs, ils n'ont rien de positif.

Solutions : Changer pour des matériaux naturels (voir le point « Matériaux pour une bonne habitation vibratoire »).

Nature du sous-sol

Si votre maison, ou votre immeuble, est construite sur un ancien cimetière ou une ancienne décharge, les vibrations sont évidemment négatives. Elles génèrent un ralentissement du système lymphatique et digestif.

Quand vous faites construire, les artisans ont tendance à jeter leurs déchets dans la tranchée creusée autour des fondations durant toute la durée du chantier. Ils pensent que ce n'est pas grave puisqu'elle sera comblée à la fin des travaux... Voilà votre futur havre de paix entouré de polyuréthane, de canettes de bière, de paquets de cigarettes et autres…

Autres problèmes potentiels : dans certains centres-villes, il existe des zones de construction établies sur de très anciens cimetières ; or la vibration des os en sous-sol peut encore rémaner.

Solutions : Surveillez votre chantier lors de la construction, passez des consignes, mettez des poubelles à disposition des artisans. Renseignez-vous aussi sur l'utilisation antérieure du terrain où est construite votre habitation. Dans certains cas qui ne sont pas trop graves, on peut aussi utiliser de l'huile et de l'eau élevées dans les plans pour nettoyer les mémoires du sous-sol. Sinon, déménagez !

Fosses septiques

Elles sont problématiques quand elles sont situées au nord et à l'est de votre habitation, qu'il s'agisse de la vôtre ou de celle de vos voisins. Elles rémanent entre 10 et 30 m selon l'épandage et les habitants qui les utilisent. Leurs vibrations peuvent ralentir le système digestif et compresser le 5e chakra.

Solutions : Installer la fosse septique au sud de votre habitation. Si elle est au nord (la vôtre ou celle de votre voisin), vous pouvez utiliser 1 l d'eau ou 75 cl d'huile élevées dans les plans que vous verserez dans les toilettes et le lavabo. Vous pouvez également en répandre sur la zone d'épandage. Il est possible aussi d'utiliser des systèmes de rééquilibrage énergétiques pour établir un barrage entre l'information négative et la maison.

Failles

Ce sont généralement de petites failles géologiques. Elles sont plus ou moins nombreuses selon les régions. Si vous avez une ou plusieurs failles sous votre habitation, il vaut mieux ne pas s'installer au-dessus trop longtemps. Leurs vibrations abaissent celles de vos genoux et décalent l'aura du côté opposé au sens de leur circulation énergétique. Certaines failles sont dites sèches et d'autres humides. Pour celles qui sont humides, le problème de la vibration de l'eau peut potentiellement venir se rajouter.

Solutions : Les détecter, puis voir si elles passent dans des lieux où les habitants séjournent longtemps (canapé, lit, cuisine, bureau...). Si elles n'y passent pas, c'est moins problématique. À noter qu'elles décalent également l'aura des arbres. S'il y a une faille qui pose problème, trouvez son sens d'écoulement, puis, en amont de la zone que vous voulez protéger, posez plusieurs fils de cuivre perpendiculairement. Cependant, ce type de solution ne résiste pas longtemps. Vous aurez intérêt à mettre en place un système énergétique qui soit au moins au 8e plan et à vérifier son fonctionnement dans le temps.

Direction du lit

Le lit doit être orienté en fonction de ses occupants et du lieu. Une mauvaise direction peut produire de la fatigue, des compressions crâniennes amplifiées...

Solutions : Testez au pendule la direction la plus juste pour la personne qui dort dans le lit. Dans le cas d'un lit pour deux personnes, testez la direction qui sera la meilleure à partager à deux.

Pollutions électromagnétiques

Elles sont générées par les prises électriques situées sur le réseau Curry, les lignes à haute tension, les antennes relais, la wi-fi... Elles endommagent vibratoirement la thyroïde, dérèglent le système nerveux en le surchargeant et influencent la qualité du sang...

Ces pollutions, surtout la wi-fi, font résonance sur tout ce qui est métallique (objets, amalgames dentaires, bijoux, lunettes métalliques, stérilet…). C'est ainsi que les objets métalliques portés sur soi peuvent affaiblir et décaler le champ électromagnétique humain. Bref, rien de bon !

Solutions : Déplacez les appareils électriques qui pourraient se trouver sur le réseau Curry. Si c'est impossible, placez un fil de cuivre perpendiculairement sur le réseau, à 30 cm en aval de la pollution. Placez un système énergétique performant sur le compteur électrique pour faire monter dans les plans le courant électrique.

L'émanation électrique sera toujours là, mais sera source de ressourcement et non de destruction. Ne soignait-on pas, à une époque, par champs électromagnétiques (voir les travaux de Georges Lakhovsky) ? Achetez des ampoules à faible dégagement électromagnétique. Il existe aussi des rupteurs de champs, des gaines et des câbles blindés (se renseigner auprès d'électriciens compétents et spécialisés).

Pour la wi-fi, je ne connais actuellement qu'une seule solution : placer un système énergétique, au moins au 8e plan, sur la box. Ce système devra être maintenu au moins au 6e plan : il faudra donc le mettre à la terre et au soleil tous les dix jours. Cependant, corriger votre wi-fi n'empêchera pas l'émanation des wi-fi de vos voisins. Dans ce cas, il faut ajouter un système hautement énergétique sur le compteur électrique. S'il y a, en plus, des lignes électriques à haute tension, des antennes relais ou des radars aéronautiques, il est nécessaire d'installer des fils de cuivre sur le toit (faîtière et chéneaux) et de les remettre en terre au sud. Une autre solution efficace pour l'installation wi-fi consiste à la débrancher dès que vous n'en avez plus besoin ou à utiliser un réseau filaire.

Les cheminées cosmo-telluriques

Ce sont des vortex d'énergie qui font en moyenne 1 m de hauteur et 0,70 m de diamètre dans leur partie haute. Elles peuvent tourner dans le sens horaire ou antihoraire. Parfois, elles tournent dans un sens, puis s'arrêtent, repartent dans l'autre sens et s'arrêtent à nouveau pour repartir dans le premier. On parle alors de point de respiration. L'effet de giration que l'on ressent lorsque l'on est au-dessus n'en fait pas quelque chose d'agréable si l'on s'y tient en permanence. C'est pour cette raison que l'on ne dort pas au-dessus ! Elles peuvent aussi véhiculer des énergies positives ou négatives pour l'aura humaine.

Solutions : Bien que les cheminées cosmo-telluriques soient rares dans les habitations, s'il y en a une, il vaut mieux ne pas rester longtemps au-dessus (déplacer les lits, les canapés...).

Idée pour une bonne habitation vibratoire

Pour la plupart des maisons, le 4e plan est suffisant (voir la description des 14 plans au Chapitre 1). Si nous voulons des plans plus élevés, notre conscience doit s'aligner sur ces plans. Quand nous disons qu'une maison est au 8e plan, cela signifie qu'il s'agit de son plan moyen, les autres plans de 1 à 7 peuvent alors coexister en s'interpénétrant.

Matériaux pour une bonne habitation vibratoire

Je vous conseille de construire les murs avec de la brique alvéolaire. Vous pouvez ensuite utiliser de préférence un mélange de chaux/chanvre ou de la laine de bois pour l'isolation de ces derniers. Les murs en bois peuvent être aussi très bons, mais on doit pouvoir contrôler la qualité vibratoire du bois avant la construction. D'une forêt à l'autre, la vibration peut effectivement être très différente.

Au sol, je vous conseille d'isoler avec du liège. Dans les combles ou en sous-toiture, la laine de bois, le chanvre ou le lin seront de bons choix. Les autres matériaux écologiques peuvent comporter des désagréments énergétiques, c'est pour cette raison que je n'en parle pas.

Pour l'aménagement, il est impératif d'éviter les arêtes, donc pas d'angles à 90°. Pour cela, il suffit de mettre des baguettes en bois dans les angles ou de faire un enduit arrondi par-dessus. Je vous conseille aussi de coller le moins possible vos meubles contre les murs.

Comment aménager son lieu de consultation

La table de massage (en bois) doit être orientée dans la direction du mur nord. On aura tout intérêt à mettre des objets à vibration cosmique au nord-ouest, nord et nord-est.

L'autre point important est le puits de décharge qui est situé plus ou moins au sud de la pièce. Il doit être fait d'objets telluriques comme des géodes d'améthyste (la partie tellurique), des systèmes énergétiques informés…

L'important est de pouvoir évacuer les énergies stagnantes produites pendant la séance de magnétisme. C'est mieux pour le thérapeute, le consultant, et le futur consultant qui ne se retrouvera pas dans les vibrations du précédent !

J'en profite pour rappeler qu'il faut purifier énergiquement la table de massage, les coussins, les couvertures après chaque consultant. Il faudra aussi nettoyer régulièrement les fauteuils, la salle d'attente et toutes les pièces où les consultants peuvent relâcher des énergies stagnantes.

Pour faire monter un lieu au 8e plan, il est nécessaire d'apprendre plusieurs techniques qui, assemblées, le permettent.

Description générale des sensations liées aux plans vibratoires en tant qu'espaces géographiques énergétiques

Les plans vibratoires peuvent être ressentis par les différents sens extrasensoriels, un clairvoyant peut ainsi les voir. Voici une description qui est le fruit de mon expérience et peut varier en fonction de l'époque et du lieu. Elle correspond aux sensations usuelles rencontrées sur le terrain.

1ᵉʳ plan :
Oppression, condensation, impossibilité de monter dans ses chakras, ambiance déprimante.

2ᵉ plan :
Condensation du bassin, émotion donnant des sensations lourdes.

3ᵉ plan :
Pensées humaines, reliances avec les pensées humaines.

4ᵉ plan :
Sensation neutre au niveau cosmo-tellurique (ni haut, ni bas), acceptation, intégration, une forme de liberté.

5ᵉ plan :
Pensées créatrices efficaces, sensation de plus d'espace.

6ᵉ plan :
Distinction de la voie, du chemin. Possibilité de se projeter pour créer de manière unique (mise en création et en mouvement de sa vision personnelle). Si vous sentez un écrasement au 6ᵉ chakra dans les corps énergétiques

supérieurs, cela peut être causé par des égrégores ou des prières occultes.

7ᵉ plan :
Mon individualité sur Terre. Appelle le 8ᵉ plan.

8ᵉ plan :
Vision périphérique, plus spatiale, plus aérienne. Extension de l'aura.

9ᵉ plan :
Sensation cosmique, désincarnée, possibilité de créer son univers astral.

10ᵉ plan :
Absence de limites spatio-temporelles. Espace de création de lumière et de vibration.

11ᵉ plan :
Endroit où se préparent les incarnations. Aspire vers le 12ᵉ plan. Profondeur du 6ᵉ chakra.

12ᵉ plan :
Tranquillité, bienveillance. Présences de sages.

13ᵉ plan :
Ordre, loi, code. Descente d'énergie dans la colonne. Mélange des énergies des courants masculins et féminins supérieurs.

14ᵉ plan :
Espace de la non-forme, ce qui est réel et irréel au niveau de la matrice du système solaire.

CHAPITRE 3
LA VOIE DE LA RÉALISATION

LES PIÈGES DU CHEMIN

Les quêtes de pouvoirs

*Ne cherchez pas l'extraordinaire
ou il s'éloignera de vous dans sa vérité...*

La quête ou les quêtes de capacités hors-norme, comme déplacer des objets par la pensée, la clairvoyance, la voyance, le pouvoir de lire dans les pensées, les contacts avec l'au-delà..., sont souvent le côté spectaculaire de l'aspect ésotérique des pratiques dites « spirituelles ». Je ne dis pas que l'on ne doit pas les expérimenter, mais il faut procéder avec précaution, tout en sachant qu'elles ne sont pas le but : au mieux, elles peuvent être un moyen. Il y a des outils plus simples, plus discrets, plus efficaces pour développer notre être créateur à l'intérieur. De plus, le spectaculaire a tendance à fasciner celui qui en est témoin, lui faisant oublier son but, sa réalisation, alors que c'est ce qui devrait guider sa vie sur Terre.

Le manque de volonté, la paresse spirituelle, le manque d'engagement et l'idée de l'illumination facile

Les formations d'un week-end pour devenir un éveillé ou un maître seraient très satisfaisantes si elles réussissaient. Il n'en est rien. Le chemin prend du temps et c'est parfois frustrant pour nous qui sommes des habitués de la civilisation fast-food. Il n'y a pas de fast-master ni de drive-illumination. Il existe certes des chemins plus rapides, mais pas de coup de baguette magique qui changerait notre petit Moi en avatar, grâce à une action sur le troisième œil. Trop souvent, on nous propose l'illumination ou une progression qui ne nécessiterait aucun effort et pas d'autre volonté que celle de croire à une pensée magique ou de verser quelque somme d'argent. Nous devrons donc fortifier notre volonté et nous engager avec ténacité à progresser dans les différents niveaux de notre vie pour accomplir notre chemin vers la libération.

L'idée qu'il faut casser l'ego

Cette idée répandue dans certaines doctrines est à mon avis erronée. Il ne faut évidemment pas faire de notre ego un aboutissement de notre conscience et nous attacher à sa structure psychique. Cela conduirait à nous identifier uniquement à cet état, empêchant la progression vers des états de conscience supérieurs. L'ego doit être un moyen, car il sert de support psychique à l'expérience de la vie incarnée. En cela, il mérite notre amour et notre respect.

L'idée de « casser l'ego », en énergétique, revient à casser les quatre premiers corps énergétiques… autant dire que cela ne promet rien de bon ! Il s'agit peut-être de « casser » l'orgueil, mais l'orgueil vient d'un sentiment premier de dévalorisation et d'une méconnaissance de la nature véritable de l'être humain. Une thérapie sur l'enfance sera alors plus efficace que de « casser » quoi que ce soit.

L'identification

La peur de l'ego d'être détruit par une nouvelle identification à une réalité supérieure peut conduire à une fuite de l'évolution. La peur entraîne généralement un processus de réidentification à notre ancienne structure psychique, certes inconfortable, mais connue. Nous devrons donc apprendre à nous réidentifier plusieurs fois dans notre quête de réalisation. La dernière étant : « Je suis Dieu ». Il existe une technique simple pour vous aider à changer votre niveau d'identification : avant de vous lever et d'ouvrir les yeux, reliez-vous à votre Soi, et dites : « C'est cela qui se lève, j'agis avec cela ».

L'attachement aux biens matériels

L'avarice stoppe l'abondance et la manifestation de la bienveillance, et l'avidité conduit à faire passer l'argent avant l'action juste.

Le besoin de nouveautés

Ce besoin, lié à la société de consommation, je l'observe depuis quelques années dans ce que l'on appelle la « spiritualité » ou les thérapies alternatives. Nombreux sont ceux qui s'enflamment pour une nouvelle technique, une nouvelle science quantique, un nouveau gadget vibratoire. Au premier abord, nous pourrions croire à une vraie quête ou à de la curiosité, mais il n'en est souvent rien. Ils reproduisent le même schéma d'attraction et d'insatisfaction que nous rencontrons comme fondement de la société de consommation. Ils consomment, et certains s'enorgueillissent d'avoir toujours une longueur d'avance grâce à une nouvelle technique mystérieuse... Cette dernière est souvent la même que les précédentes dont on a changé la dénomination afin de lui donner un aspect plus moderne. Puis, passé deux ans, cette nouveauté révolutionnaire est oubliée, mais fera peut-être sa réapparition dans une dizaine d'années...

L'hystérie spirituelle et la fuite dans un monde alternatif

Par force de réaction, l'individu quitte le côté tellurique de sa vie pour l'extase/le désir spirituel. Il sous-estime alors le fait qu'il amène avec lui sa structure psychique de base, laquelle va mener sa propre vie psychique et tenter de rester dans sa conscience de départ.

La fascination, les projections

Le besoin d'être fasciné ou d'être fascinant conduit à une sorte d'hypnose de soi ou de l'autre. Certains vont consommer des drogues pour vivre des expériences mystiques. Sans juger de la pratique, ils sont souvent à la recherche d'un extraordinaire rapide et facile et toujours en quête de plus. On retrouve parfois cette fascination pour l'astral chez certains utilisateurs de la médiumnité et du spiritisme, le côté spectaculaire de certaines expériences étant parfois très attirant pour les chercheurs. Je rappelle que ces expériences répétées ne conduisent pas à la paix et n'ouvrent donc, au final, aucune porte de sortie sur le chemin de l'éveil.

La dévotion peut cacher la fascination. Si quelqu'un est fasciné par son enseignant ou son maître, il perd une partie importante de son discernement. L'attachement qui s'ensuit sclérose la liberté de penser par soi-même (on observe la même conséquence avec la télévision). De l'attachement naissent la peur et la colère, l'une comme l'autre ne pouvant mener qu'à la destruction du projet d'évolution. Le respect et la confiance sont de bien meilleurs compagnons pour qui suit des enseignements spirituels. Un véritable enseignant vous guide et ne vous impose pas ses choix. Il vous autonomise pour que vous soyez votre propre source de savoir et de discernement. Il évitera aussi de répondre aux projections père ou mère que l'on pourrait faire sur lui ou sur elle.

Attention aussi à l'attachement à des croyances spirituelles qui donnent un cadre psychique réconfortant, mais qui peuvent nous empêcher de nous remettre en question et de continuer notre chemin d'évolution.

De la certitude à la servitude

Pour certains, aller à la messe le dimanche, avoir un maître sont des « obligations » spirituelles au même titre que le fait d'avoir un travail, de payer des impôts, d'avoir des enfants. La spiritualité devient comme une case de plus à remplir dans un cadre administratif, social et spirituel, ou encore devient un bien de consommation supplémentaire.

Le mental dispersé/manque de simplicité

Le manque de simplicité est souvent en lien avec le mental classique perturbé par les émotions non gérées. Il naît souvent de l'absence de but précis, du manque de clarté dans nos désirs et de la négation du droit de jouir de ce que nous désirons en général. Il participe grandement aux jeux psychologiques. Il existe un mental en parfaite syntonie avec l'intuition et la conscience, provoquant la vision du réel.

La rigidité à la place d'une volonté courbe

Le chemin est courbe. Se faire violence pour arriver à des états supérieurs, c'est risquer de casser quelque chose dans notre psychisme ou notre corps. La volonté, la persévérance, l'engagement, une discipline souple sont de meilleurs atouts, à mon sens, pour cheminer en douceur et loin.

Le mouvement de masse

Nous pouvons être entraînés sans le vouloir par la pensée ou l'émotion collectives. Il faut savoir les reconnaître quand elles nous environnent et s'en détacher promptement.

Le besoin de reconnaissance

Est-ce que le maître, l'enseignant ou le groupe auquel j'appartiens me reconnaissent comme étant bon, voire supérieur ? Cela va de pair, évidemment, avec le besoin d'être plus que les autres ou au moins autant, voire d'être différent, d'être un élu, une super âme, d'être chargé d'une mission...

Ce besoin peut entraîner de la jalousie, des sentiments mal placés de supériorité, des compétitions inutiles...

L'espoir

L'espoir crée l'attente et fait patienter le désir. Il ne crée donc pas les conditions pour être dans l'« ici et maintenant ». Et sans « ici et maintenant », il est impossible d'être aux commandes et de changer ainsi le cours des événements.

« Qu'y a-t-il à espérer ? » ne peut pas être la bonne question. « Quels sont les moyens à mettre en œuvre ou les actions à stopper ? » me semble une meilleure question pour trouver une voie évolutive à la vie et à la conscience.

Le mensonge aux autres et à soi :

Sur son chemin d'évolution, tout un chacun peut être dans le déni, voire se mentir sur ses réelles intentions. Nous pouvons afficher des prétentions ou des désirs « spirituels », mais une autre part, plus cachée, peut vouloir l'inverse. Bien qu'elle soit dans le domaine du non-conscient, cette part « négative » peut gagner, car son importance est en fait plus grande que celle de la partie positive apparente.

L'apitoiement sur soi

Il peut consommer une grande partie de l'énergie qui devrait être utilisée à l'action juste. Certaines structures de caractère se complaisent dans cet état qui les enlise jusqu'à l'étouffement.

La rébellion vis-à-vis de son chemin de vie et/ou du Divin

Dans l'enfance, nous pouvons mettre en place un système de protection, comme la rébellion, face à l'autorité parentale. Cette attitude a pu éventuellement nous protéger d'une force injuste. Cependant, si en grandissant nous nous opposons de manière systématique, nous risquons aussi de nous opposer à ce qui serait juste pour nous, bloquant ainsi des informations ou des actions qui pourraient nous faire évoluer. Il est important de rester réceptif à l'apprentissage cosmique, fût-il en opposition avec nos croyances et nos désirs.

La dépendance aux habitudes du corps

Le stress et les habitudes hormonales peuvent créer une dépendance aux situations stressantes ou émotionnelles. Apprenons à repérer ces états pour ne pas les nourrir.

La dépendance sexuelle et le sexe comme décideurs des actions

La sexualité fait partie de la vie terrestre. Elle est un facteur d'épanouissement, la frustration ne donnant jamais rien de bon. Cependant, elle doit être asservie à l'individu et non le desservir en devenant la directrice de ses actions globales. Il n'y a pas de sexualité normale, l'important est qu'elle soit en harmonie avec ce qui nous anime et qu'elle soit vécue avec des personnes partageant les mêmes envies. La sexualité terrestre est le reflet de la possibilité qu'ont les âmes de faire l'amour pour unir leurs créativités. Sur le chemin de la réalisation, les plaisirs sexuels s'estompent et sont remplacés par la félicité de l'état supérieur.

La non-régulation des besoins du corps

Ces besoins, comme la faim, doivent être canalisés à leur juste place ; la sensation n'a pas à prendre le contrôle de l'esprit.

Le désir de faire des enfants doit pouvoir être compatible avec le chemin. Il sera préférable de le faire dans un temps et un espace propices. L'énergie et la conscience que demande une éducation juste ne doivent pas être sous-estimées.

Le besoin d'être au centre/l'égocentrisme

Malheureusement de plus en plus répandue dans notre civilisation, cette attitude mène à l'arrogance et au déni de l'intégrité de l'autre. L'idée de supériorité se développe depuis l'enfance à travers les contes de fées, la téléréalité, une éducation faisant de l'enfant « un roi ». Elle demande beaucoup d'énergie à celui ou à celle qui en souffre et provoque une crise d'identité. Cette crise nous éloigne de notre état véritable et de l'harmonie que nous pourrions ressentir en étant à notre vraie place.

La culpabilité que nous imposons ou que nous subissons

Cette émotion ne débouche sur aucune guérison ni aucun chemin. On doit donc s'en extraire en reprenant sa part de responsabilité, en comprenant le sens de l'événement, en rendant à l'autre sa propre part, en demandant pardon, et en se pardonnant.

L'insatisfaction

Elle est l'un des moteurs de la société de consommation. Elle s'associe parfaitement avec le désir, l'un prenant place après l'autre. Elle est l'ennemie du contentement et de la félicité. Elle produit le manque, le vide, le sentiment d'incomplétude, l'idée que la satisfaction est en dehors de nous. Elle peut également être due à la méconnaissance de nos désirs et de ce qui nous satisfait. Parfois, pour nous en libérer, nous devons en premier lieu passer par ce que nous désirons, sans tabou ni limite. C'est seulement alors, une fois cette prise de conscience accomplie (et pas forcément grâce au passage à l'acte), que nous pourrons renoncer aux désirs superflus et nous diriger ainsi vers la fin de l'insatisfaction. Je n'écarte pourtant pas le fait que dans une forme incarnée, certains désirs doivent être vécus, car ils font partie de l'expérience. Ainsi, ils perdront de leur pouvoir et pourront laisser une expérience et une place au Soi.

La soumission

Elle se polarise sur la domination. Elle est souvent liée à une difficulté à prendre sa place et à exprimer ce que l'on ressent. Les personnes qualifiées de gentilles ou de sympathiques sont fréquemment des personnes soumises. Elles ont besoin d'apprendre à dire non, à assumer leurs désirs et à ne pas porter ceux des autres systématiquement.

L'impatience

Dans nos sociétés de consommation où tout doit aller vite, de la possession à la guérison, on ne prend pas le temps de laisser les expériences s'intégrer. Sur notre chemin de réalisation, nous pouvons être rapides et efficaces, mais pas précipités.

La conscience peut avoir besoin de temps pour changer. Comme après un bon repas, un temps de digestion est nécessaire avant que l'on soit en mesure de passer à nouveau à table. Je constate que ceux qui prennent un juste rythme vont plus loin dans leur maîtrise de la conscience et de l'énergie que ceux qui se précipitent dans l'urgence. Ne soyez pas paresseux, mais donnez-vous du temps pour faire, être et intégrer.

Le manque de puissance

Il est souvent consécutif à la dévalorisation, mais peut être dû également au fait que nous n'avons pas développé nos pouvoirs ou que nous avons une mauvaise image du pouvoir. La puissance est pourtant un carburant essentiel à la mise en marche du cheminant. Évidemment, elle doit rester dans le cadre de l'action juste, au service du beau et du pur.

Le manque de rigueur

Il est lié à un manque de cadre qui peut être dû à la paresse, au manque d'intention et à l'oisiveté. Il va produire des résultats décevants dans la maîtrise des qualités spirituelles. Il doit être éliminé par le développement de la volonté.

Le manque de discernement sur sa propre valeur spirituelle

Il est important de savoir qui nous sommes. Cela passe par la connaissance de soi-même à travers les niveaux de l'ego, de l'âme et du Soi. Nous pourrons faire une liste des qualités, des défauts et des absences de ces différents niveaux. Savoir qui nous sommes dans le présent nous permet d'assumer notre état du moment et d'être à la juste place dans le temps et l'espace.

La mauvaise utilisation des pouvoirs spirituels

Certaines personnes utilisent leurs pouvoirs énergétiques et de perception de manière non juste. Certains et certaines les utilisent pour développer leur orgueil, leur domination, leurs possessions, leurs pouvoirs… Certains vont jusqu'à basculer du côté obscur et y prennent du plaisir. Sans aller jusque là, certains et certaines utilisent leurs capacités pour sauver les autres alors que rien ne leur a été demandé et que cette action n'est pas juste au vu des lois divines. Les pouvoirs sont donc à intégrer dans la conscience du Soi et du Divin pour une utilisation qui sert l'évolution.

Le manque d'humilité, l'arrogance, l'orgueil

Ils sont le fruit du besoin de reconnaissance égotique, de l'envie de dominer, du besoin d'être au centre. Ils empêchent l'écoute de soi et de l'autre. Ils maintiennent les blessures narcissiques et le besoin d'être différent alors que, de toute façon, nous sommes tous différents à un certain niveau. La guérison de ces blessures se fera en soignant l'enfant blessé, en comprenant que le plaisir trouvé dans ces défauts n'est rien comparé à la félicité du sage, en retrouvant la joie d'être qui nous sommes avec nos qualités et nos défauts du moment.

Le manque de foi dans son chemin

La peur que l'univers n'ait pas de sens, que Dieu ait des préférences pour un tel, ou une telle, peut nous amener à douter d'être soutenu dans notre démarche d'évolution. Cette peur entraîne du pessimisme et une sensation d'abandon. Lorsque nous entreprenons notre quête spirituelle, il arrive que nous recevions beaucoup d'aide et de signes, mais que, progressivement, une partie de cette aide disparaisse, ce qui peut nous amener à douter. Mais, en fait, cette disparition a pour objectif de nous autonomiser dans ce qui nous motive à avancer vers la réalisation. Que ce ne soit pas la récompense qui nous fasse avancer, mais l'envie intérieure de l'âme de développer son potentiel divin.

Le piège des émotions négatives sur le chemin de la réalisation

La peur
Elle disperse la conscience et le discernement, conduit à la lâcheté, à l'abandon des idéaux, à l'absence d'action juste.

La colère
Elle mène au manque de discernement, à la violence, à la destruction injuste. Elle provoque un feu énergétique qui consomme l'énergie de certains organes.

La tristesse
Elle amène à l'apitoiement sur soi, à l'impuissance, à la résignation, à vivre dans le passé.

La joie liée au contentement du désir
Elle conduit à entretenir la dépendance au désir donc à l'insatisfaction. De là naissent la frustration, l'avidité, le manque, la déception, et la pression pour posséder.

Le mensonge spirituel

Il y a beaucoup de mensonges à soi-même dans la vie, ainsi que dans le chemin spirituel. Nous sommes souvent prompts à déclarer notre flamme au Divin, mais cette flamme est souvent alimentée par les braises de notre désir. Une fois le feu éteint, il ne reste que les cendres de nos illusions faussement spirituelles. Nous disons parfois : « Je veux trouver Dieu, je veux me guérir, je veux, je veux… encore et toujours ». Mais que voulons-nous réellement ? Cette question nous renvoie à la vérité, au réel, au discernement, à sortir de l'illusion.

Quelques questions qui peuvent s'avérer utiles :

- Où est-ce que je me mens à moi-même dans ma quête divine ?
- Qu'est-ce que je ne dis pas au Divin ?
- Qu'est-ce que je ne me dis pas à moi-même sur mon évolution ?

LES ALLIÉS SUR LE CHEMIN DE LA RÉALISATION

Voir, c'est croire et croire, c'est voir. Nos croyances et nos sens définissent le monde qui nous entoure. Pourtant en codifiant la réalité, ils l'ont limitée et souvent formatée au péril du sens. En spécialisant les sciences et les êtres, en cloisonnant les religions, la vie et la mort, la matière et l'énergie, nous en sommes arrivés à une perception divisée et erronée. L'homme est séparé sous l'œil de l'intellect. Il est pourtant possible de revenir à une vision holistique du monde, où tout a un sens, où tout participe de tout. À une approche non séparée, où l'être humain retrouve son pouvoir personnel, son unicité, sa nature hautement énergétique. Il est possible de structurer cette approche, dans une science de l'être humain qui englobe la notion de corps-âme-esprit. Une vision qui ne voit plus un état, mais un Être et qui s'appuie sur la science des sages et les réalités subtiles de l'être.

Une conscience qui rendra les possibles de la vie à notre part la plus consciente : le Soi.

Les différents alliés décrits sont à acquérir en commun puisqu'ils sont interdépendants. Marcher sur le chemin de la réalisation sert aussi à développer notre façon d'être thérapeute. En Magnétisme Humaniste, cela permet de développer toutes les qualités propres à cet art.

Avoir un carré conscient

Le carré, c'est le symbole de la base tellurique. Il est nécessaire que nos besoins primaires ne posent pas problème. La nourriture, l'eau, le logement, la chaleur et la sécurité sont primordiaux, ce qui, en Occident, passe généralement par la nécessité d'avoir de l'argent afin d'acquérir de quoi couvrir tous ces besoins.

Les thérapies

Prendre le temps de se remettre en ordre est important. Nos blessures psychiques de cette vie ou de celles d'avant doivent être soignées et guéries. Pour cela, il ne faut pas hésiter à demander l'aide d'un thérapeute. Il y a plusieurs techniques et différents thérapeutes. Renseignez-vous sur les différentes méthodes qui existent, sur leurs pratiques, leurs praticiens et leurs efficacités.

Cherchez et demandez sincèrement, et vous trouverez un ou plusieurs praticiens correspondant à votre besoin d'évolution.

Être respectueux

Respecter la différence et être à l'écoute sont une base essentielle pour rencontrer le monde réel, ce qui évidemment ne signifie pas être soumis. Si quelque chose ne vous convient pas et ne fait pas sens avec votre but de vie, alors éloignez-vous. Reconnaissance et gratitude doivent accompagner le chemin de votre cœur conscient.

Sortir des enfermements sociaux

Les règles de l'image, le conformisme lié aux classes sociales, le besoin de mettre l'autre, ou soi-même, dans une case, d'appartenir à un genre jugé positif ou négatif conduisent à l'enfermement psychique et spirituel, limitant immédiatement toute tentative de devenir autre chose qu'un élément du système. L'idée psychique selon laquelle « quand on pense ça, on ne peut pas penser ça » est une des idées qui nous éloignent d'une sortie possible de la dualité.

L'amour

L'amour, c'est accepter et intégrer l'autre, quelle que soit sa forme. L'amour est une énergie qui ne devrait pas avoir de raison pour se manifester.

Nous cherchons l'amour en étant forts, en étant faibles, en étant beaux, bons, intelligents, désirables, séduisants. Nous mettons tellement d'énergie à rendre notre forme aimable que nous sommes enchaînés à la peur qu'elle ne le soit plus, nous éloignant de ce que nous sommes, de ce que nous pourrions être. Imaginez, mieux, ressentez un amour qui ne serait pas lié à ce que vous faites ou montrez, un amour sans attente, sans jugement : l'amour de la personne première. Développer sa capacité à aimer sans raison permet de sortir de l'enfermement lié à l'attraction et à la répulsion. Il en résultera ensuite une sensation d'apaisement, puis de connexion bienveillante à l'intérieur et à l'extérieur.

L'altruisme

L'altruisme, c'est-à-dire l'action ou l'inaction désintéressée, est peu identifié dans nos civilisations. La plupart du temps, il est question d'une personne « sympathique » ou « aimante », mais pas d'altruisme. Celui-ci peut être perçu comme une menace ou une manipulation pour celui qui le rencontre, tout étant fait pour que nos actions soient motivées par le plaisir ou le déplaisir. Or, l'altruisme ne fait partie ni de l'un ni de l'autre. Il n'a donc pas de vocation sociale dans une société de consommation. Il est pourtant une porte vers l'action sans attente des fruits de l'action.

Il permet de sortir du désir et de ses représentations, d'agir sans autre but que de faire ce qui est juste et d'être au service de l'intégrité de l'évolution spirituelle, d'apprendre à notre Moi à faire passer ses désirs et ses besoins après l'action juste, la dévotion à la divinité avant le reste.

Un mauvais usage de l'altruisme serait de s'oublier pour l'autre, au détriment de son propre état, avec l'idée sous-jacente que l'on vaut moins que les autres, alors que l'idée est de revenir à un vrai constat des valeurs.

La non-violence

*Comment être (un être)
sensible dans un monde si violent ?*

Cela ne veut pas dire de ne pas combattre si le Divin le demande, mais de ne pas déclencher les émotions basiques de l'ego qui sont liées au déclenchement de la violence. L'emportement de la conscience dans l'action violente mêlée de colère ou de rage nous fait quitter notre potentiel de paix et de béatitude.

La solution peut être de pratiquer une communication non violente et de s'autoriser à exprimer nos émotions calmement. Préférons la paix en toutes circonstances.

La maîtrise du mental

Le mental se doit d'être apaisé et ramené à sa juste place. Nous devons pouvoir l'utiliser quand nous en avons besoin et le mettre en veille quand il n'est pas nécessaire. Il doit devenir ou redevenir un outil de décryptage des informations, une banque de données et d'analyse de l'expérience perçue par les sens physiques et non physiques. Un mental à sa juste place laisse un espace libre à l'expérience réelle.

Avantages : outil indispensable à l'analyse des informations sensorielles ou extrasensorielles perçues.

Inconvénients : envahissement par prédominance sur les autres moyens d'appréhender et d'être en interaction avec les informations extérieures. Tendance à tourner en boucle au lieu de laisser place aux autres moyens de compréhension.

La simplicité

> « *Heureux les pauvres en esprit,*
> *car le royaume des cieux est à eux !* »
> *(Mathieu 5 : 3)*

Dans notre société, pour revenir à la simplicité, il faut parfois revenir à la complexité pour se décompliquer.

Avec les années, je constate que mes cours se simplifient au niveau de la technique tout en s'approfondissant au niveau de l'exactitude de la méthode. Il existe tellement de moyens d'être compliqué en ésotérisme, beaucoup d'écoles initiatiques le savent bien. Cela ne fait qu'entraîner des complications inutiles pour atteindre le seul but valable d'une initiation ou du yoga : le Divin ! Le plaisir de compliquer réjouit le mental de l'ego qui peut alors s'adonner au plaisir du savoir et ainsi s'éloigner de l'être. La simplicité naît de ceux qui, ayant cherché, ont trouvé ce qu'ils voulaient, ceux qui d'une seule conscience interne s'expriment d'un seul point. Ils, ou elles, sont merveilleusement équilibrés tout comme la nature si simple et en même temps si riche.

Le silence

Quand le souffle s'arrête, l'Éternel apparaît...

Le silence extérieur nous permet de trouver plus facilement le silence intérieur. Le silence intérieur va de pair avec la cessation de l'activité non maîtrisée du mental.

Au calme, à la montagne, sans soucis, tout devient plus simple, la paix s'installe, nos énergies remontent, nos centres subtils s'ouvrent dans la détente. Et pourtant la retraite prend fin, nous retournons dans le monde. Le bruit des voitures, du réfrigérateur, en passant par le tic tac de l'horloge, tout concourt à la permanence du bruit. Et nos proches se retrouvent face à nous avec leurs projections et leurs peurs gouvernées par un mental agité. La paix de l'ermitage est attaquée de toutes parts : « Pourquoi ne parles-tu pas, tu boudes ? », « Alors, moi je pense que, mais... », « Il paraît que les Américains n'ont pas signé les accords de... », « Le président a promis 10 % de baisse des impôts », « Au fait, on a reçu la facture... », « Ton père a appelé, il veut que tu le rappelles par rapport à... », « Je serais bien venu avec toi, mais... », « Tu as oublié de ranger... ».

C'est dans ce genre de moment que le cheminant se rend compte de l'agitation permanente du mental égotique. Vaste endroit de disharmonie extérieure et intérieure.

Il constate à quel point il est double, dualiste comme le monde virtuel qui l'entoure, lieu de bruit et d'agitation. Le défi de sa vie horizontale s'étale devant lui :

– Vas-tu trouver la paix dans cette agitation ?
– Que vas-tu faire d'utile ?
– Que vas-tu créer ?
– Que vas-tu dire ?
– Comment vas-tu trouver l'amour, l'amitié ?
– Comment vas-tu pouvoir manifester sereinement ton chemin, et donc ta vision non dualiste ?
– Qui entendra que tu aimes sincèrement ?
– Comment manifester le Divin ?

Le silence, la présence à l'instant présent, peuvent nous aider à obtenir la réponse précise à ces questions. Le silence permet l'écoute au-delà de la syntaxe des mots, c'est la perception de la vibration émise par l'extérieur. Mais comment faire pour réussir à maintenir ce silence ? Cesser de s'identifier au passé, au futur, à l'espoir de lendemains meilleurs... vivre le présent, autant de mots qui n'ont qu'une mère : la méditation sur le réel, sur le Divin.

La prière, la foi et l'aide du Divin

« ... frappez, et l'on vous ouvrira. »
(Mathieu 7 : 7)

La prière doit être un acte de conscience. Conscience de ce que l'on demande et du but. Elle se pratique dans la sincérité, de préférence dans un endroit élevé énergétiquement bien que, si nous nous adressons à « ce qui est en toutes choses », il n'y ait pas de conditions particulières. Nous sommes des enfants en évolution, il est donc normal que nous demandions aide, assistance, et guidance. Si l'on prie pour quelqu'un d'autre, je crois qu'il est mieux de demander le plus juste pour cette personne, sans avoir pour elle un désir particulier autre que la bienveillance qu'on lui porte. Avec l'entraînement, nous pouvons aussi sentir si notre prière est juste ou s'il s'agit d'une demande ou d'une proposition erronée. Car oui, nous pouvons aussi proposer d'être des relais à la manifestation d'une évolution juste sur Terre.

<u>Inconvénients</u> : le danger de la prière est d'attendre tout du « ciel », que « là-haut » agisse à notre place. C'est d'ailleurs souvent le même syndrome social qui nous incite à attendre que nos instances changent ce monde.

La prière permet tout d'abord d'être en relation avec le Divin, avec nos guides ou autres et de recevoir une aide, parfois nécessaire dans certains passages de vie.

La gratitude

Il est bon d'être reconnaissant pour l'aide que nous recevons, pour la magie de la vie. Il nous permet de ressentir le bonheur d'être dans une expérience d'évolution.

Les lectures spirituelles

La lecture de livres hauts énergétiquement, et qu'il est juste que nous lisions dans l'instant, est primordiale sur le chemin. Ils sont comme la voix d'un maître ou de notre maître qui nous guide chaque jour, à chaque pas. On peut également les utiliser en posant une question ou en demandant un conseil, puis en ouvrant une page au « hasard » pour y lire une réponse !

Le respect des rythmes et des cycles

Il est important de prendre le temps d'assimiler spirituellement ce que l'on comprend à travers ses expériences. Il doit y avoir un rythme de progression propre à chacun, ni trop lent ni trop rapide.

Il existe aussi des cycles astrologiques, ou autres, qui donnent un tempo à la progression de l'être. Nous pouvons les suivre comme pour profiter d'un vent qui gonflerait les voiles du bateau évolution. Ces cycles ne sont pas forcément en accord avec notre ego et ce dernier pourrait avoir tendance à ne pas se laisser porter. En résistant, il perd l'opportunité de progresser plus facilement. Il devra attendre le prochain cycle, et c'est parfois long. Il est donc toujours préférable de suivre le courant de l'univers évolutif.

La conscience de l'instant présent

Je n'attends pas demain..., je ne pense plus à hier.

Le présent, c'est le point d'éternité, le point de départ, le lieu du Divin en passant par la contemplation. Je n'attends rien, je vois tout, je transmets mon cœur et ma conscience à l'univers, dans cet instant d'éternité. Le désir s'en est allé dans son inexistence. Plus simplement, l'instant présent c'est là où la réalité se trouve et se déroule. C'est le lieu des sensations, c'est le lieu où je me retrouve avec ma conscience et avec ce que j'éprouve. L'instant présent n'est pas dans la blessure ou la nostalgie d'hier ni dans la peur ou le désir de demain où, il est vrai, la plupart des êtres sont en permanence. La société de consommation et de nostalgie favorise cet état de fait. Ramenons la sagesse et la vie dans l'« ici et maintenant ».

La contemplation

Contempler, c'est avoir la capacité d'observer la création et de s'en émerveiller. Parfois, c'est une façon de se connecter à la création et de se sentir comme une pièce du puzzle Divin.

Dans nos civilisations, il n'est pas bien vu de ne rien faire. La course à la rentabilité, et le fameux « dépêche-toi » de notre enfance, nous entraîne dans la course socio-collective. D'ailleurs, si nous prenons le temps de nous asseoir pour simplement regarder, rapidement quelqu'un vient s'enquérir de notre état :

– « Ça ne va pas ? »
– « Si ! Tout va bien. »
– « Et bien alors, pourquoi tu restes là ? »
– « Je regarde ».

Nous laissons notre interlocuteur dans l'expectative quant à notre état psychique. Comment pourrions-nous être bien en ne faisant rien ? Se pourrait-il que nous puissions être bien en arrêtant la course du faire et du désir ? Mais alors qu'est-ce qui nous anime ?

Est-ce que notre simple présence au monde et à sa contemplation pourrait nous rendre heureux ? La réponse, simple, de ceux qui se sont posés dans le présent afin de ressentir et de contempler, c'est oui.

L'adaptabilité

Le chemin de l'évolution est courbe et effectue de multiples changements : il est donc préférable d'être adaptable. Laissons l'évolution modifier notre réalité, en réactualisant notre vie intérieure et extérieure. Lâchons toujours ce qui est ancien au profit de l'évolution. Cela signifie : changer de matrice, donc changer l'image que l'on a de soi-même et du monde qui nous entoure.

L'autocritique

Liée au discernement, mais cette fois-ci sur soi-même, elle permet de faire son propre bilan. Idéalement, il faudrait le faire sur les plans du physique, de l'ego, de l'âme et du soi.

L'inconvénient potentiel est de se juger trop sévèrement ou de manquer de discernement et d'observation sur soi.

En revanche, cette autocritique permet d'évoluer plus rapidement et d'éviter des expériences douloureuses. Elle permet ainsi de ne pas reproduire trop souvent les mêmes cycles d'erreurs.

« Connais-toi toi-même... »

La méthode

Les bonnes méthodes permettent de disposer d'une ou plusieurs techniques qui donnent la possibilité d'avancer rapidement, efficacement et de manière globale dans notre évolution, sans avoir recours à la souffrance.

Les mauvaises méthodes ne sont que des leurres. Elles entretiennent l'ego standard et le ver dans le fruit. La méthode n'est qu'un moyen, aussi bonne soit elle, elle n'est pas le but.

En conséquence, la première règle est de ne pas confondre la méthode avec l'évolution de l'état de réalisation.

Beaucoup de techniques, de livres, d'objets, d'enseignants peuvent nous soutenir sur le sentier. Pourtant aucun n'est une finalité. Aucun n'est l'outil absolu pour tous. Chacun a son chemin, chacun a sa propre réalisation et donc un sentier qui lui est propre.

Le yoga, le magnétisme, les religions, les cristaux, la magie, la thérapie ne sont pas la Conscience Divine, mais sont parfois en la Conscience Divine. Ils peuvent la servir, comme la desservir s'ils sont manipulés par l'ego de base. Pareils à un serpent rampant, l'orgueil, la peur, l'avidité sexuelle, l'argent acquis par cupidité, l'intolérance, les projections s'insinuent dans la méthode, la déformant et créant une bombe à retardement qui ramènera l'aspirant, aspiré, au point de départ. La vigilance est de mise avec toutes les méthodes. La nôtre aussi ! Il est pourtant juste de s'ouvrir, tout en demandant à être guidé sur le chemin de l'évolution jusqu'à notre Soi. Le Moi n'emmène personne vers Dieu, il nous montre ce qu'il en est lorsque nous faisons l'expérience d'être en dehors. Ce que vous croyez savoir masque ce que vous pourriez savoir. Vous croyez que la technique va vous mener à Dieu. Dieu est la technique, mais pas l'inverse. Dieu est. L'acteur joue un rôle. L'acteur sait qu'il joue un rôle. Imaginez que ce rôle prenne conscience qu'il est un acteur. Un acteur nommé conscience, Soi, Divinité. L'important finalement n'est pas de croire en Dieu, mais d'expérimenter Dieu. Voire mieux, l'ultime : devenir Dieu.

La méditation

Je vous conseille de pratiquer plusieurs types de méditation : la méditation sur le vide mental, sur le silence, sur le lâcher-prise, des méditations sur les glandes, les organes et les chakras à travers les corps énergétiques, et la méditation sur son propre Soi.

Il est bon également de méditer pour rencontrer le Divin. La prière sera une bonne alliée pour favoriser la rencontre ou définir la forme de la rencontre.

Car si Dieu a fait l'homme à son image, à l'inverse, l'homme cherche à faire Dieu à son image, mais cela ne fonctionne pas dans ce sens. Dieu est au-delà de la matrice : pour le recevoir ou le percevoir, il faut une volonté ferme et régulière qui s'attache à chercher au-delà de la création. Cependant, la rencontre et la sensation de sa présence peuvent être simples et directes.

L'alimentation consciente

Il est bon d'opter pour une alimentation biologique à éthériques forts, de préférer un mode de cuisson à basse température, de manger cru autant que possible, et de jeûner parfois pour rester « maîtres » de nos besoins alimentaires. Il est préférable de ne pas manger jusqu'à satiété. Nous pouvons vérifier sur notre aura, ou au pendule, si nos aliments nous conviennent énergétiquement.

L'activité physique, le yoga…

Les étirements, la transpiration et toute activité qui fortifie le cœur et renforce l'élimination des toxines seront primordiaux. La pratique du hatha-yoga déverrouille le corps physique et fortifie les méridiens. Le mouvement et l'énergie peuvent aussi se pratiquer avec le qi-gong.

Le groupe spirituel

Avancer en groupe peut être extrêmement motivant. Les énergies différentes des individus vont permettre une émulation spirituelle, chacun apportant ses facilités et ses difficultés. Les pièces du puzzle vers le Soi peuvent être plus rapidement partagées et intégrées. Un groupe, c'est aussi un soutien le long de notre parcours, même si la majeure partie du chemin intérieur se fait en solitaire. Pourtant, comme toute matrice, le groupe est là pour éveiller et soutenir, et non enfermer. Il faut donc savoir entrer dans un groupe et aussi en sortir. Toutes les structures devraient nous amener, après le carré, à trouver notre cercle en les quittant. Certains chercheurs ne feront jamais partie d'un groupe ; pourtant leurs enseignements et leurs visions créent parfois de nouveaux courants, de nouveaux groupes.

En tout cas, plus que le temps et l'espace, c'est la conscience du Soi qui devrait nous réunir, car c'est le seul élément constant.

Avantages : pouvoir partager, à différents niveaux, les émotions, les compréhensions, les difficultés ou les réussites sur le chemin ; l'amour et la bienveillance entre les êtres qui sont en quête ; la synergie de l'action commune multipliant au carré les forces mises en mouvement par les projets communs.

Inconvénients : les jeux psychologiques des structures de caractère (petit Moi) qui gâchent le plus pur et le plus beau pour continuer d'exister, avec comme sujets de prédilection : le sexe, l'argent, le pouvoir, l'égocentrisme qui fait passer son propre intérêt en premier là où parfois l'intérêt du groupe devrait être prioritaire. Les règles de l'image du groupe (habits, coupe de cheveux...) sont parfois une nouvelle forme d'enfermement de la différence et de la créativité personnelle.

Les « jeux » à l'extérieur sont une façon de ne pas sentir le « je » à l'intérieur.

La non-participation

Revenir à son propre désir et ne pas participer à tout ce qui rabaisse la conscience intérieurement et extérieurement. N'achetons plus des produits qui rabaissent le monde. Ne participons pas à des jeux psychologiques qui rabaissent le monde. Ne soutenons pas des personnes qui détruisent plus ou moins vite le monde et la conscience.

Le détachement des objets sensibles

Remettre à sa juste place l'intention et la vision que l'on a de son compagnon ou de sa compagne, de ses parents, de ses enfants, de ses amis, de ses possessions. Il est bon de se rappeler que les objets peuvent être des moyens, des supports à l'expérience, mais en aucun cas le but de l'expérience. On doit aussi apprendre le contentement, qui va de pair avec la satisfaction.

La volonté, la constance, la persévérance

Toutes trois sont importantes, car elles sont l'énergie/le carburant sur le chemin de l'évolution.

Les voies d'avancement vers la réalisation demandent des choix. Un grand nombre de personnes consacrent une heure par semaine à « faire » (au lieu de se laisser faire par…) du yoga, du qi-gong… et constatent : « Je fais des efforts, je pratique plus… » et les résultats sont maigres. Beaucoup d'entreprises dans les voies de conscientisation ne portent pas leurs fruits.

Car il faut une volonté profonde animée par la foi, la prière, la concentration, un véritable courage de se regarder en dedans, un engagement de chaque instant envers le chemin qui nous mène à notre propre réalisation : voilà les moyens puissants que notre volonté doit manifester pour nous emmener vers des avancées concrètes.

De nombreuses petites pratiques ou petites visites chez le thérapeute ne sont pas faites pour avancer sur le chemin. L'individu y recourt pour se soulager de la douleur que ses choix égotiques renouvelés continuent à engendrer en lui. Il ne cherche pas la guérison ou l'évolution, mais un baume apaisant ou de l'énergie pour pouvoir continuer à perpétuer des systèmes dictés par sa peur et ses désirs. Le mental lui ment lui faisant croire à une évolution qui, en fait, maintient la personnalité dans ses travers en la revêtant d'une couche d'actions et de pensées « bien pensantes ». C'est pourquoi le « Magnétisme Humaniste » ne se veut pas au seul service de l'énergie de revitalisation et d'apaisement. Il cherche à recentrer le patient dans sa réalité la plus haute en montrant à l'âme le chemin de son Soi, lui laissant ainsi la possibilité de faire un véritable choix, et peu importe celui qui sera fait pourvu qu'il soit fait en conscience.

Faire le choix de se détruire sera toujours plus conscient que d'en rejeter la faute sur les autres. Cependant, cette vision holistique se répand de plus en plus dans différents courants, annonçant peut-être un retour à l'union des différents plans de conscience de l'homme.

Le discernement

De mon point de vue, le discernement mène à la conscience. Tout est différent dans ce monde, il est donc important d'avoir des outils pour repérer ces différences. Ces outils sont nos sens physiques et extrasensoriels. Il faudra ensuite un mental ouvert, car celui qui est détaché des notions de bien et de mal issues de ses représentations mentales est apte à voir le juste. Qui regarde l'univers comme un support de la conscience, qui n'a pas besoin de résultat, qui est entièrement tourné vers ce qui est, sans attente de confirmer sa représentation, et dénué de désir, celui-là peut discerner le sens de ce qui est. Ayant maîtrisé les polarités opposées et les contraires en toutes choses, le discernement total apparaît à l'éveillé. Il voit le monde dans sa vérité et peut en tirer les leçons de l'évolution.

Les signes, les synchronicités

Ils sont là pour nous guider. Il arrive parfois de se poser une question sur tel ou tel sujet et qu'un élément extérieur vienne nous apporter la réponse ou un indice. Cet élément n'a souvent aucun lien apparent avec notre questionnement. Cependant, de par son contenu, cet élément semble connecté à notre besoin d'être informé. Par exemple : vous vous demandez si vous devez prendre des vacances et, à cet instant, vous voyez une publicité pour un lieu paradisiaque. Autre exemple : vous vous demandez si vous devez téléphoner à telle ou telle personne et vous remarquez alors une publicité portant l'inscription : « appelez », cela pourrait être aussi une chanson à la radio. Ces signes, ces symboliques peuvent prendre bien des formes différentes sans jamais s'imposer à nous de force, respectant notre libre arbitre. Ils sont une réponse de la matrice spirituelle. Ils vont évidemment de pair avec les synchronicités : par exemple, nous pensons à quelqu'un et nous le croisons dans la rue deux minutes après. Les synchronicités sont liées à des moments et à des espaces.

Avantages : la capacité à suivre son chemin de vie et à comprendre les équations qui le composent dans le but de nous éveiller à notre devenir supérieur.

Inconvénients : le jugement des autres sur nos actions qui ne correspondront pas forcément à la logique ou à la morale sociale ou religieuse.

Aligner la réalité sur nos désirs n'est pas discerner, cela nous fait voir des signes là où il n'y en a pas !

La reconnaissance des qualités de l'autre

Elle est liée au discernement et permet de trouver et de valoriser les qualités d'être de l'autre. Les voir, c'est déjà encourager leur développement.

Inconvénients possibles : voir seulement les qualités et ne pas voir les absences ou les défauts manifestés ; ne pas voir les zones d'ombre qui attendent leur heure. De ce point de vue, l'image du serpent qui remue dans l'ombre décrit bien ce mouvement de conscience caché.

La bienveillance

De mon point de vue, la bienveillance est la capacité à agir depuis l'équilibre de son cœur aimant, de manier la force de construction et de destruction au service du bien de tous les êtres, ce bien étant leur évolution vers le Divin.

La puissance

La puissance rime avec l'énergie. Elle se développe grâce à un corps physique et à des corps énergétiques en pleine santé. La puissance est nécessaire à l'action, elle est le moyen fondamental. Elle peut se décliner à travers différentes fonctions comme le physique, le psychisme, les énergies, la perception des sens et les perceptions extrasensorielles…

L'aspect négatif de la puissance c'est évidemment quand elle n'est plus alignée sur la conscience juste.

Maîtriser ses pouvoirs

Les pouvoirs ou capacités doivent se développer progressivement sur le chemin de la conscience. Ils permettent de percevoir la réalité et de développer nos capacités de créateur et de créatrice. Il est important de ne pas s'attacher aux pouvoirs que l'on développe sur le chemin. Leur utilisation doit se faire depuis le Soi. Si ce n'est pas juste, il ne faut pas troubler la conscience des autres avec ces pouvoirs ni obtenir de la reconnaissance, des possessions. À noter que la plupart des personnes ne croient qu'à la version officielle de la réalité, qu'elle soit donnée par la science ou par la religion. Celui ou celle qui a la capacité de leur prouver le contraire doit s'abstenir si cela n'est pas juste. Il risque de provoquer de la peur. Les murs que la conscience standard érige doivent être préservés tant que l'être n'est pas prêt.

Avantages : absence du désir de posséder des pouvoirs, donc pas de pression ou de convoitise ; capacité qu'offrent les pouvoirs de manifester des actions justes.

Pouvoirs à développer :
- Les perceptions extrasensorielles
- La maîtrise des énergies subtiles
- La maîtrise des pensées
- La maîtrise des éléments
- La perception de la réalité

Maîtriser les couples des contraires

Il est important de pouvoir acquérir et maîtriser les qualités opposées, car cela permet de choisir l'une ou l'autre en fonction de notre discernement. Si nous n'en maîtrisons qu'une, il est impossible de maintenir un équilibre juste.

En voici quelques-unes : savoir faire/savoir ne pas faire ; savoir se taire/savoir parler ; savoir être seul/savoir être accompagné…

Développer ses qualités de Père et Mère spirituels à l'intérieur de soi

Ce que l'on reproche à nos « mamans » et à nos « papas », c'est ce qui nous manque des archétypes de la Mère Divine et du Père Divin. Cela peut être vécu comme un abandon de ces archétypes. Pourtant ils sont aussi en nous, car ils sont nous ! En nous concentrant sur leurs abandons, nous nous concentrons sur le fait que nous nous sommes abandonnés !

Je suis le Père Divin, je ne peux pas lui reprocher de m'abandonner puisqu'il est moi et que je suis Lui. Je suis Lui partout à l'intérieur comme à l'extérieur. Nous n'avons pas été abandonnés par Dieu puisque nous sommes Dieu ! Je me suis abandonné.

Je ne peux être abandonné par mon père, car je suis ce père et je suis encore plus puisque je suis son père, et le Père Divin. Mon Moi est abandonné, car il croit qu'il est séparé comme toujours. En avançant, il comprend qu'il y a une fonction mère et une fonction père dans l'astral, en plus de ceux qui sont ici-bas. Il ne sait pas que ceux du bas sont le reflet déformé de ceux du haut.

L'action et l'inaction Divine

Il n'y a qu'une action ou inaction juste, celle qui est animée par la Volonté Divine. Celui qui la manifeste est revenu là où il est né. Il peut construire ou détruire cet univers, il, ou elle, ne fait rien.

L'action Divine peut se manifester chez celui dont la conscience ne le différencie plus de celle du Divin, si ce n'est par le choix de s'y placer.

Animé par la seule volonté de servir le Divin, tourné entièrement vers la conscience de la nature Divine première (celle qui précède la forme), l'être humain Divin agit. Rien n'est fait par lui, mais à travers lui, l'action n'est pas mue par le désir, ou par le service à un Dieu, elle est une manifestation de l'expression de la conscience première. Alors dénué de buts et d'attentes, il n'a pas d'action propre ni de mouvement. Ce qui l'entoure vient par le mouvement rencontré entre le Divin et sa manifestation. Il n'est plus lié à la loi physique ou subtile, pourtant il ne les rejette pas, il les laisse être comme un but qu'il ne poursuit plus. Ses expressions visibles et invisibles ne sont que des conséquences de sa présence manifestée dans le monde physique.

Il est la reliance entre le mouvement et le non-mouvement. Il ne sert plus l'être humain, car il est l'humanité, il ne sert plus les Dieux, car il est les Dieux, il ne sert rien, car il n'est rien, il est dans ce qui est en toutes choses manifestées et aucune chose manifestée n'est lui. Son mouvement est multidimensionnel et pourtant sa conscience n'est pas liée au mouvement. Dénué de toute quête d'action et de résultat, sans désir et sans besoin, celui qui est placé en la conscience, agit, ne portant que la manifestation de la loi Divine et de son manifesté. Il commande et le monde agit, il agit et le monde est.

Comprendre le rapport construction/destruction

La peur de faire du mal finit par empêcher de faire du bien.

Dans le monde de la dualité, rien ne se construit sans tirer sa base d'une ancienne construction. Les forces de la matière se transforment sans cesse dans ce jeu. L'être éveillé comprend le phénomène et, s'il y participe, c'est toujours de manière juste. Il ne se laissera pas duper sur les causes habituelles de ces changements qui sont liés à l'action de la matière sur la matière. Construire ou détruire ne devrait jamais échouer à cause du désir, mais aller à la conscience bienveillante de l'être.

Le pardon à soi et aux autres

La bienveillance et l'acceptation seront des alliés de premier choix pour libérer un des pouvoirs du cœur : le pardon.

La capacité à guérir vient souvent de cette capacité à pardonner. Redonner sa part à l'autre et reprendre la sienne. Pardonner, c'est aussi remettre l'autre en dehors de soi.

Une pensée équanime

> *« Celui dont le jugement est le même*
> *à l'égard d'êtres cordiaux, d'amis, d'ennemis... »*
> *(La Bhagavad Gîtâ)*

Garder un esprit constant, quelle que soit la situation, qu'elle soit en accord ou pas avec nos désirs.

La captation de la visée évolutive

Il est bon de développer sa capacité à comprendre le but évolutif d'une situation puisque les situations ont principalement pour but de permettre l'évolution de la conscience. Le sens des événements sera ainsi un moteur et un but de progression.

Faire passer le service au Divin avant son besoin et son désir

En avançant sur le chemin de la réalisation, nous pouvons être amenés à manifester la volonté Divine ou à lui servir de support : cela arrive parfois après avoir demandé à servir cette volonté.

Mais malgré le fait que l'on se croit parfois engagé, notre volonté de servir peut être testée ou dispersée par le désir et nos besoins. Il faudra dans un premier temps apprendre à ne pas céder à la facilité en se soumettant aux impulsions de nos désirs habituels. Puis, en toutes circonstances, il faudra les canaliser ou les soumettre à notre volonté, et enfin les laisser disparaître les uns après les autres sous la lumière de la béatitude.

L'humilité

Elle se cultive loin de l'orgueil. Dans le domaine spirituel, l'ego et son cortège de blessures narcissiques peuvent surgir même au plus haut niveau. Chez les thérapeutes, ce pourrait être : qui a la meilleure technique. Chez les disciples : qui a le meilleur maître, la meilleure doctrine. Voilà qui rappelle la maternelle où se posait la question : « Qui a le papa le plus fort ? » On ne le sait toujours pas !

Dès l'enfance, à travers le manque d'amour, le manque d'estime, le manque de confiance qui nous viennent généralement de notre environnement, nous créons des blessures narcissiques profondes. Elles sont souvent refoulées et suivent celui qui se tourne vers la lumière. Il se trouve vite confronté à l'orgueil : « Ne suis-je pas la réincarnation d'un grand initié ? Ou une âme d'origine extra-terrestre ? » « Je crois que nous sommes un groupe d'élus venus pour sauver la planète... »

Derrière toutes ces questions métaphysiques, nous retrouvons généralement un petit enfant blessé du fait que son papa, ou sa maman, ne s'est jamais occupé de lui. Il peut s'agir d'une tout autre blessure ayant été à la source de la création d'un manque d'estime de soi. Il faut beaucoup de courage pour descendre dans son enfant intérieur blessé. Pourtant, aucun jardinier n'espérerait avoir de belles fleurs sans avoir retourné le sol (la terre, sa base), car il a besoin d'être aéré (l'air) pour recevoir la pluie (l'eau) et le soleil (le feu). Il en résulte des racines profondes qui savent aller chercher dans les ressources intérieures en cas de manque d'apports extérieurs. Reconnaître ce que nous avons toujours été : Dieu.

Avantages : l'humilité détache du désir de reconnaissance, permet d'être à sa juste place à l'intérieur ou à l'extérieur.

Inconvénients : à ne pas confondre avec la fausse humilité, gangrenée par l'orgueil.

La mort

*Opposons à la peur notre impermanence
et notre immortalité. Pour qui est vivant,
la mort est un échec, pas pour qui est immortel.*

L'attachement à la forme nous conduit à résister, la résistance nous conduit à l'inertie, l'inertie à l'involution, l'involution à la destruction de notre Divinité.

Le besoin légitime de maintenir notre forme pendant l'incarnation devrait aller de pair avec l'idée que celle-ci est éphémère et devra se dissoudre dans l'impermanence de nos rêves inachevés.

Nous quittons toujours une matrice pour une autre, celle de Dieu, parfois celle des galaxies, celle de l'astral, celle de notre mère, celle de notre vie incarnée et ensuite nous reprenons la boucle à différents endroits, car rien ne se perd, et tout se transforme. La perception des vies passées et de la vie astrale permet cette compréhension. La mort est une naissance à l'astral et l'incarnation est une mort à l'astral.

La reconnaissance de sa filiation Divine

*Les yeux du ciel nous regardent, nous observent,
changent notre respiration quand on se relie à eux.
Dissipent l'ignorance en soufflant la vérité.*

La méditation et la perception de sa nature énergétique amènent le pratiquant à se découvrir dans sa réalité subtile. De cette dernière il comprend qu'elle est finalement plus réelle que celle qui est observée dans la matière. Cette réalité supérieure est engendrée par le Divin, le Créateur, la Créatrice, l'Être premier, peu importe le nom que nous lui donnons. Elle nous montre aussi que nous sommes bien des enfants du Divin, de futures créatures Divines créatrices. Quand on sait cela, le reste apparaît comme un jeu d'incarnations où, à chaque fois, nous changeons de famille pour vivre une expérience en correspondance avec notre besoin d'évolution. Mais ces filiations sont éphémères. Seule la filiation Divine est immortelle et l'être évolué ne se reconnaît que d'elle. L'avantage, c'est de ne pas rester dans une filiation humaine parents/enfants qui enferme ; sortir de son identification humaine, familiale et s'autoriser à accoucher de soi-même.

Être un enfant de Dieu, c'est être un enfant du cosmos.

La foi

La foi est la capacité à s'appuyer sur la sensation que l'univers régi par le Divin a un sens, que le Divin est bienveillant et doué d'une conscience au-delà de la nôtre et qu'il sait mieux que nous ce qui est juste pour nous.

Si quelqu'un a foi en nous, cela peut nous aider, l'idéal étant d'avoir foi en soi. Avoir foi en quelqu'un ne suffit pas toujours si une part de cette personne a décidé de ne pas avoir foi en elle. Elle verra notre foi en elle comme une menace à sa dévalorisation et validera le système d'échec de sa structure de caractère. Cependant, la foi en l'autre, avec un bon discernement de ses aptitudes, permet de bien meilleurs résultats d'évolution que le jugement et la dévalorisation.

La compassion

La compassion vient du cœur et de la conscience, c'est un sentiment noble qui n'a rien à voir avec l'apitoiement : il vient de la connexion qui unit tous les cœurs. Elle est un moyen de partager les forces d'évolution présentes dans tout être évolué. La force, la conscience et l'amour du premier sont transmis au second dans un acte altruiste et bienveillant.

La paix

La paix peut être la fin des fluctuations de va-et-vient de l'attraction et de la répulsion. C'est le vide rempli par le contentement d'être un être Divin.

Mettre le corps sous le contrôle du Soi

Je ne suis pas ce corps, mais ce corps est moi.

Il existe plusieurs visions de la quête qui tend à faire descendre la conscience primordiale dans le corps, à illuminer les fonctions physiques et l'atome de la conscience Divine. Pour être tentée, une telle démarche doit faire partie de notre chemin de vie.

Le plus souvent, nous devons déjà faire redescendre la conscience, suffisamment pour que nos besoins psychiques et physiques soient contrôlés par le Soi et non par le Moi.

La conscience

C'est la capacité à discerner ce qui est de ce qui n'est pas.

L'abandon à Dieu

Après avoir essayé la souffrance et la lassitude, épuisé par les incarnations, je me décidai à abandonner la lutte contre l'inévitable : je suis Dieu.

Un des ultimes choix, c'est de fondre sa conscience dans celle du Divin, la créature et le Créateur réunis. L'individu dans l'indivisible, deux consciences uniques qui vibrent sur la même fréquence, s'alignant dans leurs pensées et dans leurs choix.

La manifestation de l'état spirituel

S'il n'y a pas de lumière pour vous éclairer,
ne vous habituez pas à l'ombre,
mais rayonnez votre propre lumière.

Celui ou celle qui est, manifeste ce qui est, crée ce qui est, marche sur ce qui est.

Et après…

Il est tout à fait possible qu'un être qui s'est identifié à sa nature Divine puisse revenir pour aider un monde ou des mondes. Inspiré et aspiré par sa volonté d'aider à la réalisation des plans d'évolution, il quitte son perchoir Divin et se projette à nouveau dans les courants de la création, embrassant une fois de plus la forme pour lui apporter du fond. De tels êtres n'ont cependant pas fini leur évolution, ils doivent apprendre à gérer, à créer la vie et les mondes. À un moment donné, ils se retrouvent à l'image de ce qui les a créés : des créateurs Divins, des Dieux libres de leurs propres décisions.

Je ne suis pas un homme qui veut changer le monde.
Je suis un monde qui change l'homme.

PRIÈRES

Prière universelle

« Toi qui es en toutes choses, mets-nous dans Ta chaleur, guide-nous vers Ton amour immuable, intemporel et sans limites. Toi qui es en chaque chose, aucune n'est Toi. Donne-nous les moyens de connaître Ta réalité, Ton état primordial comme Ta présence omniprésente. Guide-nous vers plus de Toi. Permets-nous de nous rendre plus conscients, plus disponibles, plus aimants, à Toi, à l'autre, et à ce qui nous entoure. Toi qui as engendré les Dieux et permis les doctrines, pardonne-nous nos discordes.

Protège-nous dans la tempête, réveille-nous dans l'inertie, relève-nous dans la défaite, parle-nous dans le silence.

Parce que Tu es dans les feux, les eaux, les airs, et la terre, invite-nous à l'équilibre. »

Prière de gratitude

Gratitude pour m'avoir donné la conscience, l'existence, le sens et les sens.
Gratitude pour le ciel, la Terre, et l'espace.
Gratitude pour la forme, la spirale, le cercle et le carré.
Gratitude pour le jeu des éléments.
Gratitude pour le froid, le chaud, le beau et le laid.
Gratitude pour la béatitude, la félicité et l'amour.
Gratitude pour la créativité.
Gratitude pour le choix parmi la création.
Gratitude pour la vie humaine.
Gratitude pour la vie de l'Être.
Gratitude pour la vie Divine.

Prière sur la demande de trouver la vérité et l'éveil

Il est possible de demander à être guidé sur la voie de l'éveil. Cette demande sera plus ou moins entendue en fonction de son degré de sincérité. Elle peut entraîner différents changements dans la vie du Moi pour l'amener au Soi. La plus forte et la plus véritable demande étant : « Que Ta volonté soit faite ». Elle doit être faite avec la plus grande connexion avec ce qui nous compose.

EXERCICES POUR DÉVELOPPER LA CONCENTRATION

Fixation d'un cercle bleu ciel

Asseyez-vous confortablement, le dos droit, le menton légèrement rentré, puis fermez les yeux. Ensuite, visualisez un cercle bleu ciel lumineux de 20 à 40 cm de diamètre devant votre visage. Maintenez cette visualisation pendant 5 minutes. Au fur et à mesure que vous progresserez à focaliser votre intention, augmentez la durée de votre concentration jusqu'à 10 minutes.

Tester sa communication

Avant de parler, vous pouvez tester si cela est juste et, si oui, tester si ce que vous allez dire est justement formulé. Si vous sentez une sorte d'écrasement dans votre gorge alors que vous n'avez encore rien formulé mentalement, c'est généralement qu'il vaut mieux vous taire. Je ne parle pas d'une boule à la gorge que l'on peut ressentir si l'on a peur de parler. Je parle d'une légère pression sur les côtés de la gorge. Si vous n'éprouvez pas cette sensation, formulez à l'intérieur de vous ce que vous voulez dire. Si vous avez du mal à le dire à l'intérieur de vous et que vous sentez une sorte d'écrasement général au niveau de votre aura, c'est qu'il n'est pas juste de parler.
Faites cet exercice pendant une demi-journée, puis, une autre fois, une journée entière, le but étant de maintenir cette conscience en permanence.

Favoriser l'instant présent

Afin de participer à notre paix présente, voici une phrase clé à se répéter régulièrement, trois fois de suite, intérieurement : « Je suis dans l'ici et maintenant ».

Il est bon également de pratiquer un exercice consistant à ne pas penser à demain ni à hier pendant deux heures.

MÉDITATIONS

Le plan mental étant au repos pendant la nuit, il y a moins de formes-pensées (*accumulation de pensées humaines personnelles ou collectives, synonyme d'égrégore*), comme dans les zones désertiques. Le voile des pensées humaines se dissipe, laissant place à la perception de ce qui est. Personnellement, ma clairvoyance est plus efficace la nuit et mes diverses captations s'avèrent plus fines.

Méditation sur la gestion du déroulement des événements

Le temps et les événements étant liés, plus vous vivez en conscience les événements, à l'intérieur de vous, plus les changements extérieurs sont rapides.

Visualisez une situation future qui pourrait vous poser problème. Posez-vous les questions suivantes pour avoir une vision plus complète de la situation :

- En quoi cela va-t-il me servir ?
- Est-ce que cela va générer plus de conscience dans ma vie ou plus de place pour le développement de mon Soi ?
- Vais-je utiliser les moyens les plus élevés pour parvenir à cette réalisation ?
- Quels sont les obstacles que je pourrais rencontrer dans le développement de mon action/projet ?
- Comment puis-je y remédier (basculer sur la méditation concernant la résolution des problèmes) ?
- Ai-je toujours envie de réaliser ce projet ? Si oui, est-ce encore de la même façon ?

Cette technique que vous pouvez pratiquer de façon journalière peut conscientiser et simplifier vos actions. Il est bon de la pratiquer le matin avant d'ouvrir les yeux et de vous lever : visualisez les différentes étapes et utilisez la méthode ci-dessus.

Méditation créatrice

Choisissez quelque chose que vous voudriez réaliser et matérialiser dans la matière. Il est bon d'avoir vérifié que ce projet est juste et que vous avez vraiment envie de le réaliser. Vous devez être complètement aligné de haut en bas avec le fait que vous voulez manifester ce projet sur le plan concret. Vous pouvez procéder à la visualisation des sept couleurs de l'arc-en-ciel à travers les sept chakras pour favoriser votre alignement. Vous pouvez aussi vous placer dans une triangulation de boules en verre énergétique ou de bougies blanches, l'idée étant de favoriser l'axe Terre/Ciel. Placez votre intention au niveau de votre huitième chakra et faites le vide mental, puis laissez apparaître l'image de ce que vous voudriez manifester. L'image doit être la plus claire possible et la plus légère possible.

Si vous avez du mal à obtenir une visualisation claire, ressentez quels sont les éléments extérieurs ou intérieurs qui bloquent votre projet. Laissez venir des solutions à ces blocages..., ces solutions peuvent être l'aide de quelqu'un, des rentrées d'argent, des rencontres... Procédez à cette visualisation depuis chaque chakra.

Si vous avez des difficultés à garder l'image nette d'un chakra à l'autre, concentrez-vous : il est possible qu'une pensée, liée au niveau de conscience du chakra concerné, vous empêche de manifester votre dessein. Si c'est une part de vous qui bloque, que pouvez-vous proposer à cette part ? Peut-être a-t-elle besoin de réconfort, ou tout simplement de sentir votre foi dans la justesse de cette manifestation. Concentrez-vous, prenez votre temps, utilisez la respiration et le lâcher-prise.

Arrivé au premier chakra, posez les mains au sol avec l'intention de manifester sur Terre votre projet et dites : « Si cela est juste que cela se manifeste, que ta volonté soit faite ».

Méditation antistress

Vous êtes au bord d'un lac et le vent souffle, il y a des rafales de vent, beaucoup de vaguelettes irrégulières à la surface du lac. Le bruit est gênant. Progressivement, le vent ralentit…, puis s'arrête, apportant un soulagement, une tranquillité. Le soleil réapparaît. La surface du lac devient calme… lisse… complètement lisse… silencieuse. Vous contemplez cette surface. Vous devenez zen comme la surface de cette eau… Votre front devient lisse… Vous laissez votre esprit glisser en paix sur cette surface… Vous flottez sur les eaux calmes. Puis vous revenez sur le bord du lac. Et enfin, vous revenez dans cette pièce avec calme, avec zen. Dans l'« ici et maintenant ».

Méditation sur être sa propre source d'amour

Répétez les phrases suivantes dans tout votre corps :
– « Je m'apporte le réconfort. »
– « Je me donne du réconfort. »
– « Je m'apporte de la tendresse. »
– « Je m'apporte de la douceur. »
– « Je me donne de la tendresse dans mon corps…, dans mes pensées…, dans mon esprit. »
– « Je me donne de la douceur dans mon corps…, dans mes pensées…, dans mon esprit. »

Posez vos mains sur votre cœur, puis répétez les phrases suivantes :
— « Je nourris mon cœur d'amour. »
— « Je nourris mes cellules d'amour. »

Puis, gardez une main sur votre cœur et une sur votre troisième œil :
— « Je connecte mon cœur et mon esprit. »
— « Je nourris mon être d'amour. »
— « Je vibre l'amour altruiste… sans raison, juste pour être ce que je suis. »

Vous pouvez ôter vos mains. Puis répétez les phrases suivantes dans tout votre corps :
— « Je partage ma bienveillance avec le monde. »
— « J'étends ma bienveillance autour de moi. »
— « Mon cœur rayonne la bienveillance…, l'altruisme…, la paix..., l'amour ».

Changer notre rapport avec les zones de notre corps qui posent problème

Vous allez prendre conscience de votre corps, en ressentir les différentes parties, dont certaines qui vous sont peut-être douloureuses ou bien qui manquent de tonicité. Vous aimeriez peut-être que ces parties de votre corps deviennent harmonieuses, vivantes, fonctionnelles. Concentrez-vous pour ressentir de quelle manière vous voudriez qu'elles soient. Sentez-les puissantes, souples... Sentez qu'elles émettent de bonnes vibrations envers votre conscience et le reste de votre corps.

Laissez passer un peu de temps, puis mettez-les en mouvement en visualisant des actions que vous ne pensiez pas, ou plus, pouvoir faire. Il peut s'agir de marcher, sauter, courir, grimper, ou rester en plein soleil, nager au milieu des vagues…

Au bout de quelques minutes, ressentez votre liberté de mouvement et d'action. Répétez au moins trois fois à l'intérieur de vous : « Je récupère ma liberté de mouvement », puis « J'ordonne à mon corps de se régénérer et de devenir comme je le ressens » et « Je mets en route la machine biologique pour ma restructuration ».

Laissez passer un peu de temps et répétez ensuite trois fois à l'intérieur de vous : « J'accepte cela » et enfin « Je remercie mon corps pour son action et sa bienveillance ».

Méditer sur :

L'Esprit (Dieu),
Le Porteur de L'Esprit (Soi),
La Conscience de L'Esprit (Dieu en moi, moi en Dieu).

DESCRIPTION DES 12 RÈGLES DE LA CHARTE DES MAGNÉTISEURS HUMANISTES

Art. 1 :

« Transmettre dans l'amour et le respect du pouvoir qui nous est confié »

Le consultant qui vient jusqu'à nous nous confie une part de son intérieur. Il doit parfois redescendre dans les zones de son corps ou de sa non-conscience dans lesquelles il n'est pas en ordre. Une des meilleures façons de l'accompagner est de garder notre chakra du cœur rayonnant d'amour. Cette vibration apaise et rassure le consultant renforçant sa capacité à accepter ou pardonner.

Nous pouvons aussi recevoir de l'aide à travers nos connexions spirituelles et la prière. Cette transmission se respecte comme un cadeau d'en haut.

Art. 2 :

« Ne jamais interrompre un traitement médical ni faire des prescriptions »

La médecine allopathique critique beaucoup la médecine naturelle et inversement.

Elles peuvent pourtant être toutes les deux très efficaces, chacune sur le même point ou sur des points différents. Les lois dans divers pays ne jouent pas en faveur des thérapies qui sont en dehors du cursus officiel. Il serait pourtant profitable à tous de réunir nos efforts pour comprendre et développer l'œuvre que représente l'être humain. Il est donc légalement interdit de prescrire, ce qui est rassurant en ce qui concerne les médicaments allopathiques.

Art. 3 :

« Assurer la confidentialité totale des consultations »

Le respect de ce qui nous est confié dans l'intimité d'une séance ne doit pas être traîné en place publique ni chuchoté dans le creux de l'oreille de nos proches. C'est une règle sécurisante et de non-jugement pour le patient, le mettant dans un climat de sécurité dans lequel il pourra s'autoriser plus facilement à s'ouvrir dans ses profondeurs.

Art. 4 :

« Ne jamais promettre miracle ou guérison »

Le Magnétiseur Humaniste ne doit pas s'abaisser à la charlatanerie ou à promettre des choses qui ne sont pas en son pouvoir.

Art. 5 :

« Pratiquer des tarifs équilibrés, savoir donner,
savoir recevoir, savoir échanger »

Le Magnétiseur Humaniste doit méditer sur les prix qu'il lui semble juste de pratiquer. Un plan comptable lui sera aussi de première importance pour gérer les nombreuses charges qu'il devra régler afin de pouvoir assurer sa pratique légalement. « Aide-toi et le ciel t'aidera ». Il peut avoir l'intuition de ne pas faire payer une personne. Il doit être en mesure de gagner sa vie correctement sans avoir froid ou faim et sans avoir de soucis financiers qui le perturberont dans sa pratique quotidienne. Il sera capable de troquer son art contre un dessin, un vêtement, un service, un sourire…

Art. 6 :

« Toujours chercher à améliorer sa pratique.
Rester ouvert aux autres thérapeutes et aux diverses techniques thérapeutiques »

Le monde extérieur est toujours en changement. Les pratiques en magnétisme n'en sont peut-être qu'au balbutiement sur notre planète. La conscience collective évolue aussi de manière très rapide, faisant disparaître certains maux et en faisant apparaître d'autres. D'une génération à l'autre, d'un continent à l'autre, d'une famille à l'autre, les êtres n'héritent pas des mêmes blessures. Il serait donc bien prétentieux de penser qu'une technique pourrait répondre à tous les maux, de tout le monde, à n'importe quelle époque. Nous sommes là pour écouter, nous infuser les uns les autres dans nos recherches et non pas pour nous replier comme des enfants qui ne veulent pas partager leurs jouets. « Que ceux qui ont des oreilles entendent… » Les Magnétiseurs et Magnétiseuses Humanistes s'engagent à être conscients de ce qu'il est juste d'échanger. Ils resteront ouverts aux autres disciplines qui peuvent être de riches compléments à la leur. Ils peuvent aussi être amenés à agir avec d'autres thérapeutes. Ils doivent pouvoir (pour voir) trouver dans l'autre de tout âge, de tout sexe, de toutes techniques, une forme d'apprentissage, car Dieu est en chaque chose.

Art. 7 :

« Offrir au consultant d'être sa propre source de guérison »

Il est important de recentrer le patient sur sa capacité à prendre les décisions qui l'amènent à être aux commandes de sa vie intérieure et extérieure. Si une part du consultant a créé la problématique, une autre part peut potentiellement la décréer et faire un nouveau choix.

Art. 8 :

« Ne pas pratiquer son art sur les mineurs et les handicapés mentaux en dehors de la présence et sans l'accord de leurs parents ou de leur tuteur légal »

Lors des séances, le Magnétiseur Humaniste s'engage à s'entourer d'au moins une des personnes responsables des mineurs et des handicapés mentaux. Ces derniers sont très liés aux personnes qui sont responsables d'eux.

Art. 9 :

« Accueillir ses patients dans un lieu harmonisé énergétiquementet adapté aux séances »

La qualité des séances proposées et donc des résultats sera étroitement liée à la qualité énergétique du lieu de la consultation. Un patient doit pouvoir accéder à une salle de consultation au minimum au huitième plan et débarrassée des énergies stagnantes issues des séances précédentes.

Le Magnétiseur Humaniste, la table et les outils de pratique doivent être purifiés vibratoirement après chaque patient. C'est de l'hygiène énergétique.

Art. 10 :

« Si cela est demandé, aider les patients en phase terminale et, si nécessaire, après leur mort physique »

Le Magnétiseur Humaniste peut aider énergétiquement à la transition de la matière à l'astral.

Art. 11 :

« Rester humble et respectueux des autres. Ne pas utiliser ses capacités pour obtenir autre chose que le bien-être de l'être humain et de la Terre »

Apprendre de tout et de tous, tout le temps. Savoir être la plus forte des lumières sans ne jamais éblouir personne. Le Magnétiseur Humaniste ne croit pas qu'il sait mieux que les autres, que sa technique est meilleure que celle des autres. Il sait que tous participent de tout, que chaque être qui cherche à fleurir est précieux. Il, ou elle, met sa conscience d'Être incarné au service de la vaste Assemblée de la Terre, des plantes, des animaux, de la force créatrice des mondes. Le magnétisme peut agir sur tout ce qui nous entoure, car tout ce qui nous entoure est magnétique. Il est possible d'agir en géobiologie, en élevage, en agriculture… autant de domaines dans lesquels le Magnétiseur Humaniste pourrait infuser sa conscience et ses techniques. Il, ou elle, s'engage à ne pas utiliser ses pouvoirs de manière égotique, ni à les orienter au service du mal. Il, ou elle, serait alors exclu du groupe.

Art. 12 :

« Savoir se mettre au service de l'idéal le plus haut pour soi et pour le monde »

Il y a dans tout l'univers une aventure de conscience, du plus grand au plus petit. Il est du devoir des plus conscients d'entre nous de faire notre part pour que la création avance dans l'harmonie la plus grande. Quand des âmes évoluées s'incarnent et se perdent sous les coups de leurs frères et de leurs sœurs, c'est un drame. Beaucoup de lumières ont pris forme, mais, effrayées et incomprises, elles se sont réfugiées dans le virtuel. Il y a sur cette planète une volonté Divine qui cherche à s'incarner.

Elle a besoin de ceux et de celles qui ont pu faire un peu de place dans leur humanité pour la recevoir. À tous les niveaux, dans tous les pays, dans toutes les langues, elle a besoin des « Sois » pour se diffuser. Elle ne répond à aucune règle sociale ni à aucune charte, aucun dogme, aucune justification. Celui ou celle qui en devient le messager doit s'oublier. Disparaître pour apparaître, pour une minute, une heure ou pour l'éternité.

DÉCLARATION DES DROITS DE L'ÂME

Art. 1 :
Le droit de faire évoluer son âme et son Soi sans être asservi par un système politique, religieux ou scolaire.

Art. 2 :
Pouvoir expérimenter l'incarnation dans des conditions de nourriture saine, d'air et d'eau sains et dans un écosystème équilibré et respecté.

Art. 3 :
Avoir accès à différentes cultures spirituelles et moyens pour faire évoluer son potentiel Divin.

Art. 4 :
Avoir une vie intra-utérine et une enfance équilibrée, avec une fonction positive père et mère présente autour de soi.

Art. 5 :
Avoir accès, quand on le souhaite, aux charges et connaissances des vies passées que l'on a pu accumuler, qu'elles soient positives ou négatives.

Art. 6 :
Avoir accès à des lieux dédiés aux hautes énergies et à la méditation.

Art. 7 :

Être accompagné en conscience et bienveillance lors de sa mort physique. Le lieu, si possible, devra être dédié énergétiquement à ce passage.

Art. 8 :

Avoir accès à la pureté, la bienveillance, le silence, la concentration, la liberté, le choix, l'amour, et pouvoir décider si ces états nous conviennent ou non.
Avoir le droit de manifester son être.

Art. 9 :

Ne pas subir de discrimination en fonction de l'origine de son âme.

Art. 10 :

Avoir accès à des enseignants ou des maîtres qui peuvent nous guider ou répondre à nos questions.

Art. 11 :

Avoir accès à l'astral si cela est juste.

Art. 12 :

Pouvoir contacter le Divin sans entraves psychiques ou énergétiques.

REMERCIEMENTS

Merci à ma mère pour son amour et son soutien. Merci d'être.

Merci à Angeline et à mon père pour leurs relectures.

Merci à Emmanuelle pour sa relecture et sa mise en page.

Merci à Carole pour son amitié, merci de m'avoir aidé à assumer mon état.

Merci à Christian, mon vieil ami, toujours dans le cœur de mon âme.

Merci à tous mes amis croisés sur le chemin.

Merci aux maîtres.

Merci au Divin.

TABLE DES MATIÈRES

CHARTE DES MAGNÉTISEURS HUMANISTES	7
AVANT-PROPOS	9
CHAPITRE 1 : LA PRATIQUE DU MAGNÉTISME HUMANISTE	**11**
INTRODUCTION	11
L'ANATOMIE ÉNERGÉTIQUE ET PSYCHIQUE DE L'ÊTRE HUMAIN	13
Les différents niveaux de conscience	13
Les chakras, vortex d'entrée et de sortie des énergies subtiles chez l'être humain	14
L'aura : description des différents corps énergétiques de l'être humain	21
Le champ électromagnétique humain	26
Les organes à travers les corps	26
Les taux vibratoires	27
Les plans vibratoires	28
La matrice	31
Le Divin, la source	31
Le chemin de vie de l'être humain incarné à travers les plans	32
Les énergies stagnantes	33
Pourquoi notre être évolue-t-il à travers les mondes, l'espace et le temps	34
Les différents niveaux d'expérience	34
LES QUALITÉS À DÉVELOPPER POUR LA PRATIQUE DU MAGNÉTISME HUMANISTE	35
SE PRÉPARER À UNE CONSULTATION	49
L'ACCUEIL DU CONSULTANT	55
CHERCHER LES CAUSES DE LA PROBLÉMATIQUE DU CONSULTANT	57
Les niveaux mentaux et émotionnels des organes	62
Comprendre les différents niveaux des fonctions émettrices et réceptives	68
LES TECHNIQUES DE MAGNÉTISATION UTILISÉES PENDANT LA CONSULTATION	71
Les couleurs	71
La colonne vertébrale	74
Le son	75
Les mémoires de vies antérieures	78
Le magnétisme élémentaire	83
Les reliances énergétiques	84
Les glandes dans leurs fonctions énergétiques	89
LE DÉCRYPTAGE DE LA PROBLÉMATIQUE	99
CHAPITRE 2 : LA GÉOBIOLOGIE	**103**
Idée pour une bonne habitation vibratoire	115
Matériaux pour une bonne habitation vibratoire	116

CHAPITRE 3 : LA VOIE DE LA RÉALISATION 119
LES PIÈGES DU CHEMIN 119
LES ALLIÉS SUR LE CHEMIN DE LA RÉALISATION 133
PRIÈRES 161
EXERCICES POUR DÉVELOPPER LA CONCENTRATION 163
MÉDITATIONS 165

DESCRIPTION DES 12 RÈGLES DE LA CHARTE 171

DÉCLARATION DES DROITS DE L'ÂME 177

REMERCIEMENTS 181

Imprimé par Create Space
Dépôt légal : mai 2017

www.ingramcontent.com/pod-product-compliance
Lightning Source LLC
Chambersburg PA
CBHW071203160426
43196CB00011B/2185